ひとのために生きよう！
団結への道

石川源嗣

同時代社

はじめに――「死ぬのがいやなら組織せよ」

全国一般東京東部労組で労働相談活動をはじめて一八年になる。

二〇〇五年は年間の相談が五、六〇〇〇件を超えた。今までで最高の数字である。

そこから見える労働者は日々経営者からあごで使われて、いじめられ、「いやなら辞めろ」と言われ、賃金など労働条件を一方的に引き下げられ、過労死で殺され、自殺に追い込まれている。

しかしまた、その中から労働相談センターや東部労組のスタッフの励ましを受け、勇気を振り絞って立ち上がる労働者が出ているのも事実である。

戸塚秀夫は「最近のユニオンリーダーたちの演説でたびたび使われる〔Organize or Die〕という言葉の真意は、『組織するか、死滅するか』といったような訳文では十分に伝わってこない。『死ぬのがいやなら組織せよ』という気迫がこの言葉には込められている」（戸塚秀夫「『組織化問題』について」月刊全労連、二〇〇五年九月号）と指摘している。

戸塚秀夫がここで語っているのはアメリカ労働運動についてだが、しかしこれはまさに我々日本の労働者と労働組合そのものの問題ではないか。


労働相談センターに寄せられる労働相談は日本の一部の、特殊な現象なのだろうか。そうではあるまい。大部分の労働者と家族が資本家の非人間的で残酷な搾取と抑圧のまっただ中にいるのはまぎれもない事実だ。

我々日本の労働者は生きる道をどこに見つけるのか。

労働者の団結と決起に対する資本家階級のさまざまな破壊攻撃を跳ね返して、「死ぬのがいやなら組織せよ」という闘いの本質をつかみ、どのような展望を切り開くのか。

いま日本の労働運動が歴史的な退潮期を迎えているのはまちがいない。「なぜここまで追いつめられているのか」との声が聞こえてくる。運動の活況期の手法はいまそのままでは通用しない。従来の運動の継続では労働運動の復活はありえない。創意が問われている。

我々は、あくまで労働組合運動の実践家として、強大で戦闘的な労働組合と労働運動をいかに建設するのかということが最大の問題意識である。
労働相談・組織化活動と地域合同労組の活動のなかで考えたことをまとめた。

二〇〇六年五月一六日

著者

ひとのために生きよう！　団結への道／目次

第三章 地域合同労組と組織化活動 —— 89

第三部 NPO法人労働相談センターによる労働相談・組織化に関する統計資料 …… 179

第一部

新しい時代の労働運動

第一章　労働相談から見る労働者の現況

一、労働相談の特徴的事例

労働相談センターに寄せられている相談の中から、日本の労働者が今おかれている特徴を考えてみよう。

(1) すかいらーく過労死闘争

① 発　端

二〇〇四年八月四日、ＮＰＯ法人労働相談センターに一本の中年男性からの電話相談があった。落ち着いた声で、サービス残業について「請求して取れるものかどうか」との質問であった。「証拠的なものはありますか」とのスタッフからのいつも通りの問い返しに、ファックス記録その他で立証できるとのことだったので、「それなら間違いなく取れるでしょう」と答えた。本人は、パワハラがひどいこと、このままだと殺されかねないので、年末までに退職したいと話したあと、資料をもって八月末に労働相談センターを訪ね、東部労組に加入し、請求について詳細を打ち合わせることを約束して、電話は終わった。月間四〇〇件くらいある通常の相談の一つであった。

八月二七日、その奥さんから突然の電話があり、ご本人がすでにお亡くなりになったことが告げられた。「八月中に労働相談センターに行く」との本人の遺言を実行するため、奥さんは八月三〇日にセンターを訪問したいと言われ、当日、事務所でお会いした。息子さんが同行された。お二人とも喪服であった。

奥さんは終始泣いておられたが、事情は次のようなことであった。

夫の中島富雄氏はファミリーレストラン「すかいらーく」の横浜で店長をやっていたが、労働相談センターに電話した当日の夜は非常に喜んでいたという。奥さんに「労働相談センターに励まされた。これで会社に一矢報える。不払い残業代を取り返すことが出来るので、他の店長を励ませる」と言い、息子さんといっしょに残業の計算をエクセルでやりはじめたとのことであった。

しかし翌五日朝、出勤しようとして、玄関先で気分が悪くなり、倒れた。それでも会社への連絡は奥さんがしようとするのを遮って、自分で連絡したとのことであった。そのまま救急車で昭和大学北部病院に入院したが、八月一五日、脳梗塞で死亡された。

そこで、話し合った結果、奥さんが東部労組に加入して闘いはじめることを決めた。

② すかいらーくの概略

株式会社すかいらーくは、一九四八年設立、本部を東京都武蔵野市におき、一九七八年に東証一部に上場した企業で、ガスト、バーミヤン、夢庵、藍屋を柱に業種二〇種超、ジョナサンを統合し、ファミレスでは売り上げ日本一、店舗数では世界一で「ファミレスの雄」と称されている。二〇〇五年一〇月、持ち帰り寿司チェーンの「小僧寿し本部」株式の三〇・〇四%を約三五億円で取得した。すかいらーくグループは、外食・食品九七、建築二、他一で構成されている。

売上高 三、八三四億円、営業利益 一九八億円、経常利益 一九七億円、当期利益七三億

円を上げており、外食御三家と言われるマクドナルド（売上高三、〇八一億円）、すかいらーく（売上高三、八三四億円）、吉野家（売上高一、一八〇億円）のトップを占めている。資本金は一二九億円、総資産は、二四四・三億円という（二〇〇四年一二月現在）。

従業員数は二〇〇五年五月時点で、単独で四、四六五人、連結で六、五八六人、平均年齢三二・七歳、平均年収五、三四〇、〇〇〇円となっている。準社員は単独で八九、六二〇名。

しかし外食市場はこの七年連続で縮小し、過当競争となっているため、最近の外食業界では新旧入り乱れてのM＆A戦争が活発化し、「三〇兆円市場の奪い合い」という熾烈な市場争奪戦が展開されているという。買収を仕掛ける主役は新興チェーン。老舗のすかいらーくも「ファミレスの雄」としていつまでも安泰とはいかない状況にある。その辺りの、企業戦争に負けられない、勝つためには何でもやるとのすかいらーくの企業風土が今回の過労死を生み出した背景にあるのは間違いない（「週刊ダイヤモンド」二〇〇五年一一月二日号参照）。

会社にはUIゼンセン同盟傘下のすかいらーく労組があり、組合員は五、一〇〇名を数える。中島富雄氏もずっと組合員で、死ぬまで毎月四、五〇〇円の組合費を給与から天引きされていた。企業の暴走を制すべき労働組合として、すかいらーく労組はその役割を果たしたのであろうか。

③　すさまじいパワハラ

中島富雄氏は当時四八歳、大学卒業後すぐ、すかいらーくに入社、以後すかいらーく一筋で勤続二五年。神奈川県で店長をやっていた。家族は奥さんと大学生の長男、長女であった。

上司であるＳ地区長からすさまじいパワハラを受け続けていた。

「おっさん」「乞食になれ」「高い給料もらってんだろ、時給にするといくらか知ってるのか」「年寄りは仕事が遅い分、長く働くんだよ」「店舗の中も外も一人できれいにしろ」「いやなら辞めろ」「(帰宅途中携帯電話に)何やってんだ、戻ってこい」「毎日出退勤時間をファックスで送ってこい」等々面罵の言葉が記録として残されている。サービス残業は月平均一三〇時間で、多いときは一五〇時間、一六〇時間の時もあったという。

労働相談センターに電話する前の七月、中島富雄氏は横浜市市民相談室の人権擁護委員による人権擁護部門と弁護士による法律相談部門にそれぞれ別の日に相談に訪れているが、どちらでも同行した奥さんを部屋の外で待たせて同席させていない。それがよかったかどうかは別にして、上司によるパワハラの実態を奥さんに知らせ、悲しませたくないとの彼の配慮、優しさと無念の気持ちを痛いほど感ぜずにはおれない。しかしその市民相談室のどちらでも彼は解決への道を探しあぐねて、労働相談センターにたどり着いたと思われる。

④ 闘いがはじまった

奥さんの中島晴香さんが組合に加入して闘いがはじまった。まず、すかいらーくとの団体交渉における当事者性の法的根拠をとりあえず労働基準法第二三条（金品の返還）においた。そこにはこうある。

「使用者は、労働者の死亡又は退職の場合において、権利者の請求があつた場合においては、七日以内に賃金を支払い、積立金、保証金、貯蓄金その他名称の如何を問わず、労働者の権利に属する金品を返還しなければならない」

過労死弁護団の玉木一成弁護士に相談にのっていただく一方、一〇月一九日、すかいらーくに「組合加入通知および要求書」を送り、一一月一一日にはじめての団体交渉が実現した。要求項目は、不払い残業代の支払い、労災認定への協力、パワハラについての謝罪であった。

また同じ一一月に三鷹労働基準監督署に労災申請し、何回かの交渉を行った。あまりにも苛酷な彼の労働実態もあって、二〇〇五年三月八日、異例の早さで労災認定をかちとることができた。

なお、厚生労働省の過労死認定基準（二〇〇一年一二月一二日）は、過労死につながる時間外労働として、発症前一ヶ月の一〇〇時間、発症前六ヶ月の八〇時間の時間外労働の認められる業務は過重な業務であること、および一ヶ月四五時間を超える時間外労働は健康上有害であることを明示している。しかし、彼の労働実態はそれらの基準をはるかに超える長時間労働であった。

二〇〇五年一月には、会社は不払い残業代七〇〇万円を支払った。六月二九日の第二回団体交渉で、組合側は新たな要求書を提出した。要求内容は、過労死防止の労務管理体制、他の従業員の未払い残業代の支払い、パワハラ上司の処分、命日参拝、会社担当者発言の謝罪、損害賠償であった。

八月七日、中島富雄氏の一周忌が横浜市のお寺で執り行われた。東部労組から二名が参列した。会社役員も出席していた。針のむしろであった。蝉しぐれの中、読経が続いた。

故・中島富雄氏の墓石

納骨に移り、皆で墓地に移動した。新しい墓石にはこう刻まれていた。

「誇り高き男ここに眠る　妻晴香　共に眠る」

この墓碑には参列者一同驚愕したが、晴香さんの気持ちが伝わってきた。そのあとの食事会では、晴香さんがご主人への思い、会社への恨み、悔しさ、そして闘う意志を切々と述べられ、参加者の涙をさそった。会社役員は顔を上げることができなかった。

一〇月一日、第三回団体交渉がもたれて、会社回答が示された。その内容は、第一に再発防止策はいくつか実施中および検討中である、第二に他の社員の未払い残業は調

元気だったころの中島富雄氏と夫妻

査した結果三名に支払った、第三にS地区長は降格した、直接謝罪する、第四に命日には伺う、第五に会社担当者発言については担当者に注意し、今後このようなことのないよう会社として謝罪する、第六にサービス残業をさせた場合の罰則規定を就業規則に入れるようにする、第七に損害賠償は判例の範囲で、というものであった。

これに対して一〇月五日、組合側は社長責任が不明確、社会的公表によってはじめて再発防止策は実行される、毎年命日の前後に年間報告を、損害賠償に誠意ある回答を、との組合見解を会社に送付した。

一二月三日、第四回目の団体交渉が開かれ、会社は損害賠償は満額回答、その他については不問にする、との回答を持ってきた。話し合いの結果、会社は社会的ないしは全社的な公表について再検討し、次回交渉にそれを持参することを約束した。

⑤　すかいらーく労組（Uーゼンセン同盟）の問題

労働組合は所属組合員の労働条件の重要な一部分である健康と安全に責任をもつ。そのため労働組合は普段から会社に対し、闘い交渉して長時間労働を許さず職場環境など労働条件改善闘争を行う。

しかし所属組合員の過労死という衝撃的な事実に労働組合が直面した場合、いかなる態度をとるべきなのであろうか。労働組合として、二度と過労死を出さないため、第一に会社のそれまでの過労死を生み出した労働者政策の問題点を明らかにして、責任を追及し、過労死再発防止策を確立すること、第二に労働組合自身の問題点、つまり職場環境に対する要求と闘いの不十分性を明らかにして、労働組合の姿勢を明確にすることが必要といえよう。

中島富雄氏は生前ずっとすかいらーく労組（UIゼンセン同盟に加盟）の組合員であった。その組合員が過労死した。それについて、すかいらーく労組執行部はどのように考えて、いかなる態度と行動をとったのであろうか。

中島氏の過労死について、組合は会社に申し入れや協議をしたのだろうか。したとしたら、どのような申し入れで、協議の内容はどのようなものだったのだろうか。

通常、不幸な過労死が万が一起きてしまった場合、労働組合は、二度と職場で過労死を起こさないため、会社と交渉して、詳細な事実経過の検証と原因究明を行うものであろう。そしてその結果を少なくとも過労死した組合員の遺族に詳しく伝えるのは労働組合としての最低限の義務ではなかろうか。

しかしそのようなことは中島富雄氏の遺族に対しては一切なされなかった。そればかりか、我々は次の文書をインターネット上で見つけることとなった。

「junion レポート」（二〇〇五年五月一〇日）というサイトの「パーフェクト・ストラテジー」というコーナーで、すかいらーく労働組合の吉田弘志中央執行委員長が「世界で一番元気な会社にする方法は」とのテーマで話したものが掲載されている。

内容は次のようなものである。

「(株) すかいらーくでは初代労働組合委員長、伊東康孝が現社長に就任しているほか、三代目労組委員長は現ジョナサンの社長です。最近でも私の前委員長だった芦川雅明氏が夢庵カンパニーの代表を、本社取締役と兼任で勤めています」と、「労使協調」を誇示している。

そして、問題の発言がはじまる。

「ある意味、店長は誰の助けもなく、全責任を負って店舗を切り盛りしていかなければならない孤独な存在です。忙しさも半端ではありません。しかし、本当にできる店長、つまり強い店長は、その中でも休みを取れるのです。なぜならば、しっかりマネジメントが出来れば一人でがんばっている店長を見て、誰かが『店長休んでください。私が代わりに働きますから』と言ってくれるからなのです。ここまで行くにはそれだけの人間的魅力がなくてはなりません。権限委譲のノウハウも必要です。『お前に任せるよ』と仕事をさせてもらえれば、やる気が芽生えます。そういう各人のやる気をマネジメントできるノウハウを身につける一助として、『人間道場』などの私たちの研修が機能すればこれほどありがたいことはありません」と述べている。さらに、「たとえば今ガストでは、一〇店舗につき、一一名の社員をつけています。これを一〇店舗に二人、強い店長一人が五店舗を見る体制ができればそれは労組にとっても、人材育成の究極の目標といえます」と労働強化を主張している。

「junion レポート」の発行日と発言内容に出てくる他の年月をあわせて勘案すると、吉田委員長がインタビューを受けて話した時期は二〇〇五年初期とみてほぼ間違いないと思われる。

中島富雄氏が前年八月に過労死したことは吉田委員長はよく知っており、過労死して半年くらい後の発言であることを念頭にもう一度この文章を読み返していただきたい。

吉田委員長の発言は、中島富雄氏には「マネージメント能力がない、人間的魅力がないから休めない」、つまり過労死は彼自身の無能の致すところであり、彼自身の責任だと主張していると理解する以外とりようがないのではなかろうか。

労働組合役員出身者が会社の経営陣に上りつめる、いわゆる「出世の階段」になっていることを誇示することや、労働強化を労働組合が率先して主張することは労使癒着、御用組合、第二労務部のそしりを免れないと思われるが、それにもまして、吉田委員長の「できる店長、強い店長」での主張は中島富雄氏の過労死を冒涜するものになっているのではないだろうか。

労働者にとって、労働組合とは一体なんであろうか。

東部労組では二〇〇五年一二月九日、中島晴香さんとご家族を励ます会を開催し、今後の闘いの決意を固めた。

（2）「辞めさせてくれない」

労働相談のなかで、「辞めさせてくれない、どうしたらよいか」との相談は数年前から増えてきた。普通の人なら「辞めたければ、辞めればよいではないか、何が問題なのか」と思うのが自然であろう。我々も当初そのように受け止め、正直何が起こっているのかよく分からなかった。しかし現実には「辞めさせてくれない」の相談がますます多くなり、さらにその中でも暴力が付随する相談が増えている現実に頻繁に直面すると、単に特殊な事案と片づけるわけにはいかなくなった。

典型的な相談事例は、たとえば次のようなものである。

愛知県のシステムエンジニアだが、退職を申し出て上司の了解を取ったが、社長から「引き継ぎの人材もいないのに退職できるわけがないだろう」と脅かされたのだという。その時ちょうどソフトにバグが出て、緊急に修正するように言われ、そのまま現在も出勤を続けている状況だ。さらに今後ソフトウェアに不具合があった場合、速やかに修正するとの誓約書を書くよう強要されている。またソフトウェアに問題が発生したら、損害賠償で訴えると言われている。辞めるに辞められず、転職活動もできない。どうしたらよいか。

別の事例。

入社したときの労働条件とその後の実態があまりにも違うので、退職したいと告げたら、いきなり上司三人に車に乗せられ連れまわされ、人のいない所で降ろされてボコボコにされた。上司から「これでも辞めたいのか」と言われ、怖いので「もう言いません」と答え、そのまま働き続けているが、怖くて警察にも行けない。行ったら後で何をされるか分からない。辞めたいが、どうすればよいのか。

また次のような少し変形の相談もある。

食品関係の一部上場企業に勤めているが、退職の意志を直属の上司に伝えたが、当初は猛反対された。何回も話した結果、やっと退職届が受理された。しかしそのあとも、上司から「卑怯者」とか「裏切り者」とか非難され、また「いま辞めるのは非常識だ、人が足りなく皆に迷惑がかかるのをどう思っているのか」と追及され、結局、退職はさせてもらえるが、退職したあと半月は無給で働くことを強要された。「円満に退職しようと我慢してきましたが、退社しているのに無償で働かされ、もし事故にでもあったら……」と家族は心配する。

それらの相談に対しては、ほぼ次のような対応をとっている。

まず「辞めさせてくれない」をめぐる法律上での労働者の権利を明示する。

憲法では第一八条において、「奴隷的拘束及び苦役からの自由」として、「何人も、いかなる奴隷的拘束も受けない」と条文化されている。それを受けて、労働基準法第五条で「使用者は、暴行、脅迫、監禁その他精神又は身体の自由を不当に拘束する手段によつて、労働者の意思に反して労働を強制してはならない」と強制労働を禁止している。そして「第五条の規定に違反した者は、これを一年以上十年以下の懲役又は二十万円以上三百万円以下の罰金に処する」（第一一七条）と罰則の規定を行っている。奴隷的拘束と強制労働の禁止は人間が生存し労働するにあたっての最低限の権利であることは言うまでもない。

それに付随して、憲法第二二条の「何人も、公共の福祉に反しない限り、居住、移転及び職業選択の自由を有する」を提示することもある。

これらの条文は今の日本では普遍的に実行が行き渡った状態で、違反事例などなく、すでに内容的には死文化していると思っている人がいるかもしれないが、とんでもないことで、現実にこれらの条文に反する「労働者の奴隷化」の事態が深く進行しているのである。しかし当の労働者が「奴隷的拘束と強制労働」におかれているという認識と違法性についての自覚、さらに反撃への意志を封じ込められているため、まず憲法なり法律ではこうなのですよとの提示が有効性を持つ。

さらに具体的な問題としては、期間の定めのない雇用の解約の申入れについては、民法第六二七条の規定を使って対処することが有効だ。

「当事者が雇用の期間を定めなかったときは、各当事者は、いつでも解約の申入れをすることができる。この場合において、雇用は解約の申入れの日から二週間を経過することによって終了する」

最近はこの条文については知っている相談者が多くなっている。

そのように法的にも、社会的にも、強制労働は許されるものでないことを確認した上で、個々の事例に沿った回答をするようになる。

「損害賠償」については、損害賠償の請求ができるのはむしろ労働者の側であって、会社が労働者に損害賠償を請求するのは労働者を会社に引き留めるための単なる脅しにすぎない。実際には、いままでこの種の損害賠償請求事案を聞いたことがないことを当事者に言うことも必要である。

このように多発する「辞めさせてくれない」事案をどのように考えればよいのだろうか。本人が気が弱いせいなのか。あるいは、そういう事態に陥る、何かほかに労働者本人に問題があるのか。そうではないと思う。問題の本質は、個々の労働者が思想的、社会的に企業内に閉じこめられて監禁状態にあること、さらに会社内での労働者の完全無権利、経営者の完全独裁体制という究極の労使関係が形成されていること、このような事態の中ではじめて生まれるものではないか。

未組織労働者の場合、「自主退職」とは従来、それまでの面従腹背の仮面をかなぐり捨てて労働者が自らの意志を経営者にぶつけることのできる、はじめてで最後の機会であり、労働者本人だけが所有することのできる唯一の聖域であった。だから「辞表をたたきつける」という言葉と行為の持つ誘惑との葛藤が、そういう場におかれた労働者の日常生活といってても過言ではない。その最後の領域すら経営者に奪われはじめているということだ。

「退職」という、本来であれば、そこで労使の雇用関係が切断されるわけだから、労使関係の重圧から解放されて、それこそ「辞表をたたきつけ」て、すべてが終わりのはずであり、事実かつてはそうであった。

しかし今「辞めさせてくれない」の相談は増えている。それはなぜか。入社以来、従業員としての行動は社会的規範とはまったく関係なしに、すべて「何でも社長の言う通り」でやらされてきた。その圧倒的な経営側の支配力が退職時点にいたっても強力に継続して作用せざるをえない。さらに職場内で孤立させられて、完全に社内個別労使の「純粋な」力関係だけで、労働者個人と経営の関係が規定されるという要因も大きい。同時に、それを社長・上司の暴力や損害賠償請求の脅しが補強している。

「辞めさせてくれない」の相談はこれからもなくならないどころか、このままだともっと増えることが予想される。なぜなら、現在の日本の労使の力関係のもっとも先鋭化した表現だからである。その労使関係が変わらない限り、「辞めさせてくれない」の相談は続く。

二、ＮＰＯ法人労働相談センターの二〇〇五年相談の特徴と分析

(1) 二〇〇五年労働相談の特徴

① 労働相談件数、アクセス数は増えた。

二〇〇五年の労働相談件数は年間五、六四六件であった。これは前年に比べ四五七件増で、センター開設以来最高の数字である。

またホームページのアクセス数は年間一九万四七二八件になり、前年比一八〇〇〇件余り増で、これも今までで最高を記録した。

② 「いじめ」相談と派遣労働者からの相談が多かった。

相談内容での特徴は、「いじめ・いやがらせ」「セクハラ」の相談が二年前の二倍になり、また派遣労働者からの相談も同じく倍加した。

「賃金」と「解雇」の相談が例年、他を引き離して一番多い。二〇〇五年も同様でやはりこの二項目に関する相談が多かった。

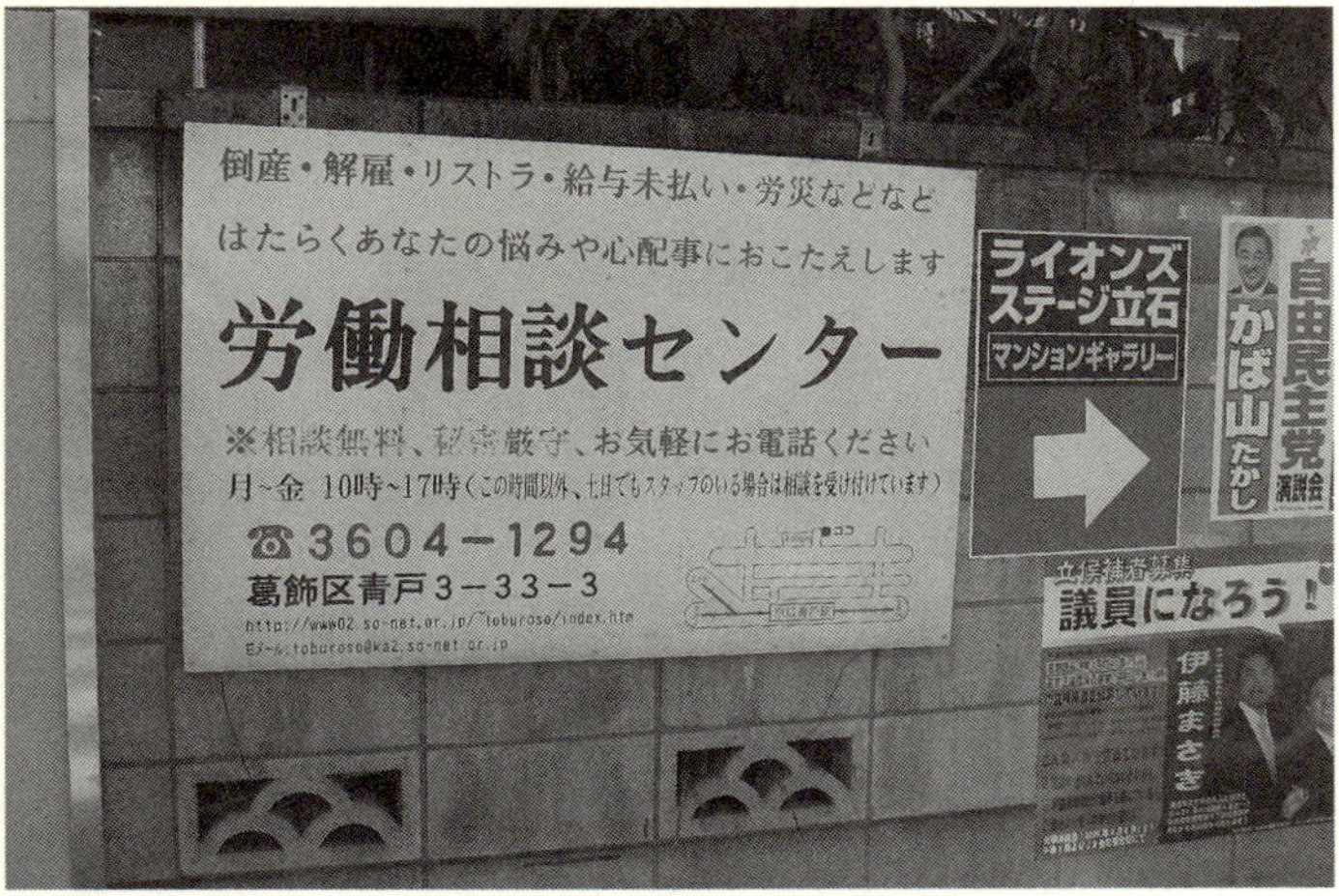

東京都葛飾区立石に掲げられている労働相談センター掲示板（2005 年 3 月）

③　インターネット経由が圧倒的。

相談者が何によって労働相談センターを知り、相談の問い合わせをしてきたかの分類を「相談ルート」と言っているが、ここ数年、インターネット経由での相談が九五%前後で圧倒的であった。

④　「来所」の相談が増えた。

相談のほとんどがメール（五一%）と電話（四五%）によって占められているが、労働相談センターの事務所に「来所」しての相談が二〇二件となり、前年の一四二件を大きく上回った。

⑤　労働相談ボランティアが増加し、相談対応の大きな戦力となった。

二〇〇四年一月から労働相談ボランティ

集中相談日に労働相談を受ける労働相談ボランティア（左）と相談者（右）
〔労働相談センター事務所にて。2005 年 3 月〕

ア募集をはじめた。二〇〇五年一二月現在で、登録メンバーは四一名。そのうち、事務所通勤ボランティアが一二名、自宅メール相談ボランティアが一七名である。

⑥「着手」件数が歴代二位に復活した。

東部労組が何らかの形で相談者の問題にかかわり、労使交渉に進むことを指す「着手」の件数が四六件となった。これは九七年と同数であり、九六年の五七件に次ぐもので、歴代二位に復活した。

⑦新規組合加入者数は減少した。

しかし新規組合加入者数は東部労組が七七名、ジャパンユニオン五六名の計一三三名にとどまり、二〇〇四年の一三八名（東部労組八二名、ジャパンユニオン五六名）より少なかった。

（一九九六年から二〇〇五年までの労働相談についての詳しい統計は、本書第三部参照）

（2）二〇〇五年相談の分析

① 労働相談件数とアクセス数がともに増えたことの意義は大きい。これは、NPO法人労働相談センターが全国の労働者の労働相談に対する切実な要求に応えていることを示している。

② 相談内容の「いじめ・いやがらせ」「セクハラ」相談と派遣労働者からの相談の激増は、労働者が究極まで追いつめられていることを如実に示すというほかない。

③ 着手件数（四六件）と新規組合加入者数（一三三名）が近くなっていることはまったく一人の相談が多くなっていることを示している。たとえば、一九九八年の着手二一件に対して組合加入一六九人に比べても、そのことは歴然としている。

④ ここ数年、相談のほとんどがインターネット経由である。これはインターネットと

いう新しい分野で運動が進展している点で評価すべきであるが、同時にインターネット以外の、ビラや組合員、友人、知人や行政などからの相談が相対的だけでなく、絶対的にも少なくなっており、その点で我々の相談・組織化の運動範囲が狭くなり、足腰が弱くなっていると判断せざるをえない。

⑤「相談の形態」は電話とメールでほとんどを占めるが、我々がこの間、意識的に追求してきた、相談者が直接事務所を訪問して面接で相談する「来所」が今までで最高の二〇二件を突破したことは今後の方向性を考える場合大きな意義がある。

⑥「着手」の件数が四六件となり、七、八年ぶりに高水準に復活したことは、我々の意識的な追求の結果とはいえ、その意義は大きい。さらに着手件数を増やすことで、運動の活性化と組合員の増大に結びつけたい。

⑦したがって、二〇〇五年相談の総括としては、アクセス増加、相談増加はそれ自身意義は大きく評価すべきであり、とくに〇五年の特徴としての相談来所増加、着手増加は今後の展望を切り開く可能性を内包しているといえるが、それだけの努力によっても、組合加入人員の減少を食い止めることができず、十分成果を上げていないことを自覚すべきであろう。

これらの傾向はＮＰＯ法人労働相談センター、東部労組に限ったことでなく、全国の地域合同労組、コミュニティ・ユニオンが共有する経験であり、問題である。（たとえば、二〇〇五年一一月開催の「きょうとユニオン定期大会議案書」に率直ですぐれた活動経過と分析が詳述されている）

そのことから導き出される課題としては、直接的にはアクセス増加、相談増加、相談来所増加、着手増加をいかに組合加入人員の増加に結びつけていくのかということになる。同時にこの傾向は、ひとつの労働組合、ひとつの労働相談センターでの技術的な問題としてだけでは根本的には解決できることではなく、「労働組合に頼って生活と権利を守る」という労働者の生き方の崩壊をもたらしている日本全体の労使の階級関係と支配構造、それも歴史的な分析の上に、新しい時代の新しい労働運動のありかたを追求していく必要があろう。

第二章

労働運動の現段階——時代認識をどう持つか

現代の日本労働運動の低調さを反映して、労働運動を真剣に担っている人たちのなかに、日本の労働者は怒らない、意気地がない、団結しない、闘ってもしようがないなどの認識と絶望感が深く密かに広がっている。

それは皮相な論議なのか、または日本労働運動の低調さはどこに問題があるのか、階級闘争の巻き返しは可能か、を検討したい。

一、資本独裁時代の労働者と労働組合

（1）資本家の労働者分断と労働組合に対する解体攻撃は歴史的に進められてきた。後藤

道夫は一九七〇年代半ばをメルクマールとして、次のように指摘している（『現代のテキスト—反「構造改革」』青木書店二〇〇二年三月）。

① 賃金上昇の停滞（春闘賃上げ率は一九七四年まで急上昇したが、それ以後は急激に落ちた）。

② 労働時間の増大と残業の恒常化（所定外と総実労働時間は七五年を境にV字型で増大した）。

③ 各種格差の増大（中規模は七〇年代後半、小零細は七〇年代前半を境に企業規模別格差が縮小から拡大へ、男女賃金格差は七六、七七年が最小で、その後拡大）。

④ 激しい人減らし（一九七〇年代半ばに「減量経営」）。

⑤ 社会意識の急激な保守化（自民党の支持率が七五年をボトムにV字型で急上昇）。

⑥ 労働争議ストライキが七五年をピークに急落し無争議状態に。

⑦ 七〇年代前半までに大企業労働組合の主導権を会社派に奪われた。

その結果、「敗北を目のあたりにした多くの大企業労働者が、労働組合に頼って自分の生活を守ることをほぼあきらめた……。つまり、労働組合の団結によるのではなく、自分が競争で負けない生き方をすることで、自分と自分の家族を守るほかはない、そう感ずるようになった」。

そして「要するに日本の労働組合は、争議権を行使して交渉するという基本的な、最終的な手段を使って自分たちの力を示すことができなくなって約三〇年たったことになります。だから今の日本は、率直に言いますと、労使関係という点でいきますと、資本独裁です」（後藤道夫「社会保障『構造改革』への対抗運動の課題とワーキングプア」京都保険医新聞、二〇〇五年六月）

（2）ではなぜこのような現象が生み出されたのか。また今日に続く労働者のこのような敗北状態を資本家はどのように作り上げたのか。

木下武男「企業主義的統合と労働運動」（渡辺治編『日本の時代史27　高度成長と企業社会』吉川弘文館、二〇〇四年八月）で見てみよう。

木下武男はこの事態を「一九七五年の暗転」と称し、「その原因は、民間大企業の労使関係にあった」と総括している。

ではその「民間大企業の労使関係」はどのように作り出され、どのように展開されていっ

東京・葛飾区にある乳製品配送会社で働くドライバーやパートたちで組織する多摩ミルク支部の仲間が、東部労組の組合事務所で団体交渉を行う。正面が会社代表、まわりが組合側メンバー。（2005 年 5 月）

たのか。

①（作業長制度などの）新しい労務管理機構の確立と、（ＱＣ、ＺＤなど小集団活動の）職場秩序・職場集団の再編、これらが企業内労使関係を根本的に変化させる動因となった。

②　企業内労使関係の変化は、民間大企業労組のユニオン・リーダーの交替をもたらし、その後の安定的な労使関係をつくりあげた。安定的な労使関係を支えた二つの柱は、第一に、社会的基準が存在しない企業内賃金であるために企業の安定と発展が労働者の賃金に直結するという賃金体系、第二に、人事考課制度を通じて

労働者を厳しく統制する経営側による労使関係管理の展開であった。

③　このように民間大企業の職場は、職制機構を軸にして、労働組合の職場組織と小集団活動組織、インフォーマル組織、これら同軸上の三つの円として形成された。民間大企業の組合組織が企業の労務管理機構と一体化し、労働組合の役職が内部昇進制にとりこまれてしまった時、戦後の企業別労働組合は、労使協調の労働組合に完全に変質してしまった。

④　一九六〇年代に、争議をへない「平時」の組合分裂・脱退問題が五〇年代におとらず数多く生じた。戦後労働運動における静かな地殻変動ともいうべき変化であった。そして、民間大企業労組における組合分裂、単産からの脱退、あるいは協調的組合への変質がすすむが、これらは七〇年代前半でほぼ決着がつく。政治運動や官公労の運動、そして春闘という表層の運動ではなく、実は、民間大企業職場の深層における労働者の企業主義的統合、そして大企業労組の転生こそが、日本の労働組合を構造的に規定した動きだったのである。

⑤　一九七四年三月、日経連は「大幅賃上げの行方研究委員会」を設置し、賃上げ自粛キャンペーンをくりひろげ、七五春闘をたたかうまえにすでに財界と政府それに協調的労

働組合、この三者による賃上げ自粛体制ができあがっていた。このようにして「賃上げ自粛体制」への協調的組合の協力を不可欠の前提にして政府・財界は七五春闘を押さえ込むことができた。これが今もなおつづいている春闘連敗の第一年目であった。

⑥　一九七五年一一月、公労協は史上空前のスト権ストに突入したが、なんらの成果をえることなく終息しなければならなかった。

⑦　一九六〇年代からの経済発展の「平時」につくりあげた労働者の企業主義的統合の仕組みを、経済的危機の「戦時」に作動させたら、瞬時に威力を発揮したとみるべきなのではないだろうか。そうでなければ、あまりにも激しい落差、すなわち七四年まで登りつめた国民春闘と、七五年の敗北という断絶した状況を説明することができない。

これらの歴史的事実とそれに基づく分析の上で、木下は、「一九七五年の暗転」の原因として、「問題の核心は、民間大企業の労使関係にあった。七五年以降の時代ではなく、七五年までの時代に主体の側の危機が深層で醸成されていた」と結論づけた。

その後の現在にいたる労使関係の展開は、これらの「一九七五年の暗転」と「資本独裁」の論理が説得あるものとして我々の前に提示されていると認識できる。

たとえば、民間大企業労組のさらなる御用化と連合の発足、ストライキの減少、賃金、過労死の増加、二〇〇五年の有給休暇の取得率が過去最低、サービス残業の増加などに示される労働条件の低下、連続六年を超える三万件の自殺（なかでも生活苦によるものが増えている）、そして労働相談の増加、とくに「辞めさせてくれない」の増加がそのことを証明している。労働者をとりまく社会の閉塞状況は進行しているといわざるをえない。

「一九七五年の暗転」を成功裏に遂行した資本家階級は、その後現在にいたる三〇年間にわたって「資本独裁」を維持するどころか、一九九五年からの「新時代の日本的経営」路線の一〇年間によってさらに強化され、階級闘争の押さえ込みに成功してきた。

民間大企業職場は資本の側にほぼ完全に制圧されつくされ、反抗の芽は沈黙を強いられているとみるほかない。

二、個別労働紛争の激増と集団的労使関係の衰退

(1) 日本の資本家階級の特徴

日本資本家階級の特徴は何か。間宏は『日本の使用者団体と労使関係』(日本労働協会一九八二)で「日本の使用者団体の重要な歴史的特徴」として摘出し、それを渡辺雅男は『階級！社会認識の概念装置』(彩流社、二〇〇四年一月)において、日本資本家階級の特徴として、次のように要約した。

① 資本家階級内部の「二重構造」―大企業と中小企業など使用者団体の階層化。

② しかし企業の枠を超えた階級的結束の強さ。企業別組合に囲え込まれて分断された労働者階級の比ではない。

③ ナショナリズムと反共主義の指導理念を梃子に国益を掲げ階級的防衛を徹底して使用者の共通の利益と密着して統合を図った。

④ 欧米一辺倒でない日本的近代化を指向した。

⑤　階級的利害の統一的追求。経営者団体の方針が末端まで届く。
⑥　政府・官庁への依存。
⑦　決定的な特徴。日本の資本家階級が労働者の階級的利害に対しては徹底的な分断（地域的・業種的な労使関係の否定）と封じ込め（企業別労働組合の積極育成）をもって対処してきたこと、そして、それにはほぼ成功してきたことである。
⑧　欧米先進国の資本家団体と国際連帯の追求。
⑨　情報収集・啓蒙活動への積極的取り組み。
⑩　従順な労働者に対しては温情主義・家父長主義的な処遇で対処。逆に反抗する労働者に対しては、徹底した弾圧と抑圧、排除と敵対をもって臨んだ。

日本資本家階級の特徴についての間宏の分析は鋭いものがあると思われる。とりわけ、「決定的な特徴」とする⑦の「労働者の階級的利害に対しては徹底的な分断（地域的・業種的な労使関係の否定）と封じ込め（企業別労働組合の積極育成）」について、間の指摘は傾聴すべきだろう。

「日本で企業別労働組合が一般化した理由は、もっぱら労働市場論の立場から説明がなされてきたが、使用者団体が、積極的にその育成を図ったという側面を見逃すわけにはいかない。地域別や業種別の労使関係が、戦後の一時期を除き、重視されなかったこと（とくにそれらのレベルでの労使交渉が行われなかったこと）は、労働問題そのものは重視されてきたにもかかわらず、それらのレベルでの専管の使用者団体を不必要にし、そのため、全体として専管団体の数を非常に少ないものにしてしまった」

この点については、清水慎三が「『上からの組織化』はなぜ中小企業労働者を組織化のワク外に取り残したのか」との問題意識で述べた次の論調と通底するものがあると思われる。

「一九四五年一〇月、占領軍当局は、民主化政策の三本柱として、財閥解体、農地制度改革とならんで、労働組合の復活強化したがって組織化奨励政策をとりあげた。（「上からの組織化」促進政策）

組織化が六〇〇万人ラインで頭打ちしたということは、『上からの組織化』が中小企業労働者を意識的に取り残したことを物語り、組織があるはずの大企業中心に生産水準が上がったのに組織労働者数がふえなかったことは、生産増加の担い手が労働強化と臨時工、社外工、下請け労働者であったという事実を証明しているにほかならない。

では、『上からの組織化』はなぜ中小企業労働者を組織化のワク外に取り残したのか。

東京・西新宿の情報関連企業で２名の労働者が解雇された。それを契機に労働組合支部が結成された。解雇撤回、不払い残業代を要求して、22 名の組合員が会社前で東部労組一日総行動を展開する。　　　　（2005 年５月）

スーパーマーケットたじまでパート組合員が不当に解雇された。その撤回を求めて向島店前でたたかう東部労組たじま支部と支援の仲間たち。
（2005 年９月）

いうまでもなく、日本の搾取構造を温存するという以外の何ものでもない。
一九四八年をさかいとして、日本の搾取構造の温存強化が公然と占領政策の狙いのひとつとなっていた。

とっておきの搾取基盤である中小企業労働者や臨時工については企業別組合であってもないほうがよい。だから、独占資本は戦後十年一貫して下請け工場には組合をつくらせないように指導し強制してきた。大経営の本工組合だけを企業別従業組合として認め、その他の労働者には組合などつくらせないこと、これが日本の搾取構造温存強化のための彼らの至上命令である。『上からの組織化』時代は、かくして、中小企業労働者を意識的に、直接間接の強制力をともないつつ、組織化の外に取り残していった」（清水慎三「中小企業労働者の組織化と階級的統一行動態勢」総評、一九五六年）

日本の資本家階級の対労働者・労働組合政策の基本は、一貫して「徹底的な分断（地域的・業種的な労使関係の否定）と封じ込め（企業別労働組合の積極育成）」にあり、さらに「日本の搾取構造を温存」するため、「中小企業労働者を組織化のワク外に取り残した」ことにあった。これは、まぎれもない日本資本家階級の意志である。だからこそ、「一九七五年の暗転」をかちとったあとの一九七九年の年頭、日本資本家階級の総本山であった日経連の大槻文平は「オイル・ショック後の経済混乱をいち早く克服できたのは、労使が協力して、減量経営や生産性向上、あるいは賃金抑制にとりくんだ結果であり、『その背景にあるものは、日本的労使慣行であり、なかでも労使一体感や運命共同体的な考えにある企業別組合の存在をあげることができる。私は、この企業別組合を健全に育成していくことが最も大切だと考える』」（木下武男前掲書）と勝利宣言をすることができたのであった。

したがって、資本家階級が、このような「企業別組合」に反する、産別組合、地域合同労組、コミュニティ・ユニオンなどさまざまな形態の闘う労働組合に対し、異常な憎悪と恐怖と敵対心を執ように持つ理由はそこにある。

そしてその二〇年後の一九九九年、社会経済生産性本部は、八〇年代以降の「安定」した労使関係の下で、「労組は経営側にとって扱いやすい存在となり、多くのエネルギーを傾ける必要のない対象になってしまった」（社会経済生産性本部研究報告「職場と労使関係の再構築」一九九九年）と述べるまでにいたったのである。

また⑩について、「雇用者を人間として扱うといっても、それはあくまでも企業経営の枠のなかでの処遇であって使用者が、かれらを庇護するのは、その代償としての服従と職務への専念を期待するからである。というよりも、従順で勤勉である者に対してのみ、こうした人間的な取り扱いがなされてきたというべきであろう」（間宏前掲書）というのは、現在でも共通する日本資本家階級の変わらぬ特徴であり、我々が日常的に経験する実体験そのものである。

（2）個別労働紛争の激増と集団的労使関係の衰退

個別労働紛争の激増と集団的労使関係の衰退は、我々のNPO法人労働相談センターの統計や各地のユニオン、地域合同労組の経験、さらには関連行政機関の集計でも共通したものである。ではなぜ、個別労働紛争が激増し、集団的労使関係が衰退しているのかが、我々が考えるべき次の課題になるが、まず厚生労働省の全国的な概況、そして集団的労使紛争の減少、労働組合組織率の低下の現状について見ておこう。

①厚生労働省の二〇〇四年度個別労働紛争解決制度の施行状況

全国約三〇〇ヵ所の総合労働相談コーナーに寄せられた民事上の個別労働紛争に係る相談件数は一六万件を超えている（総合労働相談件数は八二万件超）。また、助言・指導申出受付件数は五〇〇〇件、あっせん申請受理件数は六〇〇〇件を超えるなど、制度の利用が進んでいる。

相談は前年に比べて約二万件、一三・七％増えた。内訳は、解雇にかんする相談がトップで二七・一％である。次いで、労働条件の引き下げ一六・〇％、いじめ・嫌がらせ八・一％、退職勧奨七・〇％の順になっている。

これらの相談のうち、都道府県労働局に設置されている、紛争調整委員会（弁護士や大学教授など学識経験者で構成）にあっせんを申請したケースは六、〇一四件（前年比一二・四％増）。解雇にかんするものが最も多く四割を超え（四〇・五％）、労働条件の引き下げ一三・〇％と続いている。

あっせんで当事者間で合意が成立したのは、半数近くの二、六三八件（四四・九％）である。

紛争当事者の一方が手続きに応じないなどの理由であっせんを打ち切ったケースはこれを上回る二、七〇〇件（四五・九％）あった。申請の圧倒的多数（九八％）は労働者で、雇用者が応じず打ち切った事例が大半。

申請した労働者のうち正社員は、ほぼ三分の二（六二・八％）、パート・アルバイトが一九・一%、派遣労働者・期間契約社員が一三・〇%であった。労働組合のない事業所の労働者からの申請は七一・一%となっている。

②集団的労使紛争の減少

労働組合と会社側との紛争を個別労働紛争と区別して集団的労使紛争というが、その現れと傾向性は労働委員会に対する不当労働行為救済申し立て件数の推移で、当然すべてではないが、それなりにみることができる。

二〇〇三年については、新規申し立て件数がゼロもしくは一件だった労働委員会は二四にものぼり、四七都道府県のうちの半分を超える労働委員会が「開店休業状態」ということだった。二〇〇四年にはそれが二六件に増え、集団的労使関係の衰退がさらに進んだ。

③労働組合組織率の低下

三〇年も続くと、組織率が低下しても誰も驚かなくなった。

「日本経済新聞」(二〇〇五年一二月一四日)は「労組の組織率一八・七%、三〇年連続低下・厚労省六月末調査」との表題で、次のように報じている。

「国の労働組合の推定組織率は今年六月末時点で一八・七%と、前年を五ポイント下回ったことが一四日、厚生労働省の労働組合基礎調査で分かった。推定組織率は三〇年連続で低下、組合員数も一一年連続で減少している。

調査によると、今年六月末時点の組合員数は一、〇一三万八、〇〇〇人で、前年より一七万一、〇〇〇人減った。一方、雇用者数は前年より四五万人増え、五、四一六万人となった。企業はすべての規模別で組合員数が減り、一、〇〇〇人以上の大企業の推定組織率は前年比二九ポイント減の四七・七%と五割を切った。九九人以下の中小企業の推定組織率は横ばいで一二%にとどまっている。

パート労働者の組合員数は三八万九、〇〇〇人で前年から二万六、〇〇〇人(七・三%)増えたが、パート全体も六五万人増え、推定組織率は前年と同じ三三%だった。

主要団体別では連合が前年比五万四、〇〇〇人減の六六七万二、〇〇〇人、全労連は二万四、〇〇〇人減の九五万四、〇〇〇人、全労協は四、〇〇〇人減の一五万六、〇〇〇人だった」

個別労働紛争の激増と集団的労使関係の衰退、組織率の低下は労働組合にとって大問題であり、共通する緊急の課題であることはいうまでもない。

問題は、なぜこうなっているのか、どうすればよいのかという問いにいかに答えるかである。

三、なぜ個別労働紛争が激増し、集団的労使関係が衰退したのか

(1) 資本家の労働者分断・労働組合解体攻撃

「なぜ個別労働紛争が激増し、集団的労使関係が衰退しているのか」への第一の答えは、資本家階級の労働者分断・労働組合解体攻撃にある。

先述の間宏、清水慎三の主張に見られるように、労働者分断・労働組合解体攻撃は資本家階級の一貫した基本政策である。個別労働紛争の激増、集団的労使関係の衰退および組織率の低下は自然現象でない。産業構造、就労構造などの変化をそれ自体でこれらの原因にすることはできない。資本家階級がそれらの変化を利用したのにすぎないのであって、根本は労働者分断・労働組合解体の攻撃によるもので、それらの攻撃に労働者が敗北を重

ね、ついに「資本独裁」といわれる事態までに追い込まれているからである。現在の労働者のおかれている状態は、基本的には資本家階級と労働者階級の攻防戦の結果であり、それによって規定される。まさに「すべてこれまでの社会の歴史は階級闘争の歴史である」（マルクス・エンゲルス『共産党宣言』）。

つまり、前節（1）「日本の資本家階級の特徴」で指摘されている「地域的・業種的な労使関係の否定と企業別労働組合の積極育成」という資本家階級の労働者分断・労働組合解体攻撃路線の延長線上に、現在の状況もあることを知らなければならない。

我々にとって、資本家階級の労働者分断・労働組合解体攻撃は日常的な社会現象である。成果主義などの差別競争の賃金政策であり、国鉄労働者に対する国家的不当労働行為、さらにはその他の組合に対する団体交渉拒否、不利益取り扱い、支配介入の不当労働行為であり、労働者に対するやり得の企業の解雇、賃金引き下げなど労働条件破壊攻撃である。毎日の労働相談がそのことを示している。

大木一訓は、「日本の労働組合が弱体である最大の要因の一つは、労働組合への資本の介入・支配が多くの企業でなかば公然と行われており、それを社会が事実上黙認してしまっていることです。これは、不当労働行為であり、人権侵害であって、それを是正する社会的な措置がとられなければならない」と指摘し、ＣＳＲ（企業の社会的責任）、コンプライアンス（法令遵守）の重要性を強調した。（大木一訓「経済」二〇〇五年八月号）

こうした労働者分断・労働組合解体攻撃をさんざんやっておきながら、資本家階級は論理を逆転させて、自然に個別労働紛争が増えた、そして労働組合離れがあるから、個別労働紛争解決機関を作る必要があると主張している。しかし本質はまったく逆で、労働者分断・労働組合解体攻撃の遂行によって、労使の力関係が圧倒的に変化し、「資本独裁」といわれるほどの社会が出現したからこそ、労働者が個別に分断され、組合離れが進んでいるのである。その結果、労使の階級矛盾は個別労働紛争の形態をとる以外に発現できないところまで追い込まれ、そしてその紛争の多くは弱くなった労働組合でなく、やむをえず個別労働紛争解決機関に頼らざるをえなくさせているのだ。

労働組合の必要性についての興味深いアンケートがあるので紹介したい。

「ＮＨＫ放送文化研究所で『日本人の意識調査』を行ってきたが、『会社で労働条件に強い不満が起きたら、どうするか』との質問に対する回答で、『労働組合を結成して活動する』が一九七三年の三一・五％から、徐々に減少し、二〇〇三年には一八・二％となっている。その分増えているのが『事態を静観する』で、三七・二％から五〇・二％に達している。その変化の背景には、九〇年代に入って業績給制度が導入されるなど賃金決定方式が変更され、組合としての交渉が難しくなったなどの要因も考えられるが、労働者のあいだに、組合を結成することのコストとベネフィット（利益）を合理的に計算し、フリー・ライダーを決め込むという行動がより広まった結果、組合の組織化が難しくなっていることがあると推測される」（久米郁男『労働政治』中公新書、二〇〇五年五月）

期せずして、「一九七五年の暗転」を証明する結果になっているが、それはさておき、階級闘争の敗退過程で労働組合の力が弱まり、かつては労働組合に頼って自らの労働環境を守ろうとした労働者が、現在では「事態を静観する」派にその過半数が移行したということである。労働組合の役割、存在意義が「変わった」などというところに問題があるのではなく、労働組合に頼れなくさせてきた階級闘争の力関係の変化こそが問題なのである。

だから次のようなアンケートが出てくる。

「労働組合への信頼度アンケート」として、「間淵（領吾）は、厚生労働省の労使コミュニケーション調査を独自に分析して、労働組合に加入している人々のあいだで、一九九〇年代に労働組合の必要性認識が低下しているのに対して、労働組合に入っていない労働者のあいだでは、同じ時期に組合の必要性認識が低下せず、むしろやや高まっていることをしめしている。……二〇〇三年に連合総合生活開発研究所が行った『労働組合に関する意識調査』において、組合に加入していない労働者の七割弱が組合を必要と答えていることとも整合的である」(同上)。

つまり、すでに労働組合の存在する企業にあっては資本の制圧下にある多くの組合が御用組合化しており、そこにいる労働者はそのような労働組合の実態から何の幻想も持てないため、「労働組合の必要性認識が低下」しているのである。それに反して、職場に労働組合のない労働者は労働者の利益を守るという本来あるべき労働組合を想定して、「組合を必要」と答えているのである。このアンケートからも、「労働組合離れ」などとの俗説キャンペーンを排し、労働組合に希望を持つという労働者として正しい、健康的な判断を読みとることができる。

(2)「労働者保護」法制の否定

「なぜ個別労働紛争が激増し、集団的労使関係が衰退しているのか」についての第二の答えは、法律と制度の問題である。つまり法律と制度の面で「労働者保護」の否定と段階的排除が歴史的に遂行されてきたということにほかならない。

当面の最大の問題としては、労働契約法制であろう。

「新労働契約法制の問題点はおもに二つあると思われる。

第一は、労働者保護法であり、労働条件についての基本法である労働基準法を最小限までその有効性を制限し、または否定して、労働契約を世の中の商取引での一般の契約とまったく同じようなものに変えようとすることにある。労働契約は民事一般の契約とは違うもので、同様に扱ってはならないということは法律関係での常識である。労使関係法においては、労働者と雇用主の力関係が雇用主の圧倒的有利で変わっていない以上、労働者保護は欠かすことのできない必要条件である。つまり違反雇用主への罰則、不当労働行為制度などもっと規制を強めるべきである。それによってはじめて労資対等が確保される。

第二は、新労働契約法制では新しい制度として『労使委員会』を事業所ごとに、使用者の意志で常設機関として設置できること、そしてその労使委員会の合意で就業規則の変更ができることである。ここに新法制を提起する最大の眼目があると思われる。もしこれが実行されれば、労働組合はその最大の基本的役割である労働条件の向上、労働協約締結に向けた労使協議から実質上完全に排除される。労使委員会制度の導入は労働組合つぶしにほかならない。政府、財界は一九八〇年代後半に労働組合法を改悪することによって正面から労働組合つぶしをはかったがうまくいかず、今回は迂回作戦でやりとげようとしている。まぎれもなく労働組合の存亡に関わる問題を提起したと言わざるをえない。

その他、会社が一定の金銭を払えば裁判で勝っても職場復帰できない『解雇の金銭解決制度』などを含む新労働契約法制の問題は多い」(「労働組合つぶしをねらう新労働契約法制に反対しよう!」東京東部労組機関紙「東部労働者」二〇〇五年六月号「主張」)

労働組合法の改悪によって、労働組合のもつ基本的権利をはく奪し、労働組合をつぶすことは政府、財界の年来の基本的要求であり、繰り返し策動してきたものである。

たとえば、一九八五年、関西経営者協会は「労使関係法」制定に関する提言を発表し、概略次のような提起を行った。①交渉単位制として、多数組合との労働協約を少数組合(四分の一未満)へ拡張適用せよ、②労働組合の資格審査をもっと厳格にせよ、③労働協約法制を再検討し、法的厳格制をゆるめ、労使の自主決定にゆだねよ、④政治活動を制限せよ、⑤便宜供与を見直せ、⑥労働組合の自主設立主義を改め、使用者に対する通知義務とせよ、⑦不当労働行為制度を見直し、労働者側の不当労働行為（団交の強要、便宜供与の強要、金銭強要、大衆的威力団交、私宅侵害など）を新設せよ、⑧不当労働行為の主体としての「使用者」の範囲を厳格に限定せよ、⑨一般的拘束力に関する規定（第一七条）は削除せよ、である。

その後、「使用者概念の拡大闘争」に対する制限など経営者側として事実上成果をみた項目はあったが、何度か企図された労働組合法本体の全面改悪工作は挫折してきた。

そのため、労働組合法全面改悪という正面突破作戦をしばし留保して、まず側面から攻め、外堀を埋めるという迂回作戦をとった。その第一の、基本的な攻撃が労働契約法制の制定にほかならない。

（3）労働紛争解決システムの多様化

「なぜ個別労働紛争が激増し、集団的労使関係が衰退しているのか」についての第三の答えは、労働紛争解決システムの多様化に求められる。

それには次のようなシステムが見られる。

第一は、「個別労働紛争の解決の促進に関する法律」が二〇〇一年六月に成立し、同年一〇月から施行された。労基法違反がある場合はそれまでも労働基準監督署の監督行政にゆだねられてきたが、労基法に規定がないような紛争で監督行政、監督権限を発動できないものについては、都道府県労働局長が指導助言をしたり、あるいは紛争調整委員会によるあっせんを行うというものである。

また第二に、労働委員会による個別労働紛争処理（東京都は実施していない）、自治体が実施する相談・あっせん（東京都は旧労政事務所、現労働相談情報センター）、裁判所の調停、弁護士会の仲裁などがある。

さらに第三には、「裁判外紛争解決手続の利用の促進に関する法律」（ＡＤＲ法）が二〇〇四年一一月に成立、二〇〇七年五月までに施行、民間のＡＤＲ（裁判外紛争解決手続）団体、つまり「業者」が民事的な紛争を解決するシステムである。つまり、法務大臣から認証を得た紛争処理機関（認証ＡＤＲ）として、利用者から報酬を受け、いわば金儲けの商売として、労働紛争に限らずあらゆる民事紛争に関して、仲介、和解、あっせんができるようになる。

第四には、労働審判法が二〇〇四年四月に成立し、二〇〇六年四月に施行される。労働審判制は、原則として三回以内の期日で争点の整理、証拠調べ、調停を行う。特徴としては、簡易、迅速、適正な紛争の解決に資するといわれており、かつ相手側に出頭義務があること、労働審判が出ても相手側の異議で通常裁判に移行するなどである。

第五には、改正社会保険労務士法が二〇〇五年六月に成立し、公布から九ヶ月以内に施行されることとなった。改正内容は、社会保険労務士が個別労働関係紛争の紛争解決手続きで代理業務を行えるようにする社労士業務の拡大にある。相手側との交渉、和解の権限を含む通常の代理権を付与するとともに、これまで認められてこなかった都道府県労働委員会におけるあっせん、都道府県労働局における男女機会均等法上の調停についても通常の代理権を付与している。また、ADR法の施行と同時に民間認証ADRにおける代理権を新たに付与することとした(ただし紛争の価額が六〇万円を超える場合には弁護士との共同受任が条件)。さらに、改正の一番の眼目は社労士業界の悲願であった労働争議介入禁止規定(社労士法第二三条、第二条一項三号)を削除したことである。もともと、この社労士の労働争議介入禁止規定は労働者・労働組合保護を確保するための措置であったが、その枠を取り払い、野放しにしたといえる。

社労士法改正に伴う労働争議介入禁止規定削除によって、現在でもすでに社労士は団体交渉の場に会社側として現れているが、今後はもっと大量の社労士が労働争議の現場になだれ込み、とくに中小零細企業における個人労働紛争の団体交渉などの場に、会社側代理人、つまり職業的「労務」として争議の最前線に本格的に登場し、いわば「組合つぶしのプロ」の実働部隊として争議に介入してくる可能性がある。これも資本権力の労働組合壊滅作戦の重要な一石にほかならない。同時に他方で、労働者と労働組合の側にたった社会保険労務士が生まれているのも確かである。たとえば、労働相談ボランティアを行ったり、労働組合の顧問をなったりする社労士も増えている。その進行にともなって、社会保険労務士業界自体の階層分化が進む可能性が強い。

（労働紛争解決システムの多様化については、君和田伸仁「多様化する労働紛争の解決法」〔「労働者の権利」二〇〇五年四月〕、堀浩介「労働相談と個別的労働紛争解決制度」〔「労働者の権利」二〇〇五年一〇月〕など参照。また労働契約法制については「地域と労働運動」誌上での川副詔三の一連のすぐれた論文参照）

(4) まとめ

「なぜ個別労働紛争が激増し、集団的労使関係が衰退したのか」と問題を立て、その答えとして、資本家の労働者分断・労働組合解体攻撃、「労働者保護」法制の否定、労働紛争解決システムの多様化の三点をあげた。

換言すれば、「なぜ個別労働紛争が激増し、集団的労使関係が衰退したのか」の要因は第一に根本的な問題として、歴史的に追求されてきた労働者の個別分断と労働組合つぶしという資本家階級の政策意志によるものである。産業構造の変化などは付随的要因に過ぎない。個別紛争処理機関の論議自体が個別紛争処理と労働組合が結合することに畏怖し、労働組合を排除しようとする資本側のねらいから出発していること、だからいずれの案も労働組合排除、行政機関の抱え込みでは一致しているのである。

さらに第二には、ほとんどの労働者が労働組合に頼って生活と権利を守る階級関係になっていないため、やむをえず労働組合以外の労働紛争解決システムに頼らざるをえない状況に追い込まれているためである。

しかし、労働者の問題は行政や裁判など「労働紛争解決システムの多様化」では根本的解決はかちとれない。職場内外で労働者自身が資本家と対抗できる力量を確立する、つまり団結権、団体交渉権、団体行動権をもつ労働組合に加入し、職場に労働組合を作る以外に、労働問題の根本的かつ恒常的な解決方法はない。

したがって、今後の方向としては、まず個別労働紛争を集団的労使関係の中で解決することによって、労働組合の役割と地位を高めること、そして法制面では、使用者の不当労働行為を厳しく取り締まれ、労働基準法違反を摘発せよ、労働組合への助成・優遇措置を行えなどの労働者保護法制の厳格な実行と強化を要求していくことが必要であろう。

四、労働相談活動の位置づけ

(1) 現在の労働運動における労働相談活動

労働相談は労働者への搾取、抑圧など階級矛盾の噴出口であり、最前線といえる。電話一本、メール一つの相談に対する担当者の返答に、相談者の命と運命がかかっていると言っても過言ではない。相談事例で見たように、労働相談は生身の人間が相手で、身を切れば血が流れる、それぞれの相談者の人生がかかっており、一刻を争う、生きるか死ぬかの問題を含んでいる。その意味では労働者にとっての「いのちの電話」であるともいえる。

我々は、メール、電話、面接の相談活動をすることを通じて、次のことを追求しようとしている。

①　各地の個々の労働者が直面している具体的な困難に対し、それぞれに応じた具体的な解決方法をしめし、助言することによって、全国の労働者を直接援助する。

②「相談の根本的解決には労働組合しかない」ことを強調することで、相談者が労働組合に関心を持つようにし、各地の労働組合・ユニオンを紹介し、労働運動再構築の裾野を広げ、基礎を固めることに寄与し、貢献する。

③　相談者の労働組合加入、そして団体交渉、団体行動によって、その相談者（組合員）の利益を確保する。

④　スタッフは、相談労働者に対する日常的搾取抑圧の具体的実態をつかんで階級的怒りを共有するとともに、、違法性、解決方法を即座に見つけ出せるようにして自らを鍛える。

労働相談を実際にやると、本などで読むことなどと比較にできないまったく違った、資本家の本性に現実問題として否が応でも直面させられる。表では決して見せない資本家の本当の素顔が現れる。その資本家の残虐性、搾取強化の意志は隠しおおせるものではない。

(2) 労働相談活動の位置づけ

1 労働相談活動は、先に見た「一九七五年の暗転」を契機とする「資本独裁」という現在の階級闘争退潮期における労働運動のひとつの特殊な形態といえるのではなかろうか。

労働相談活動自身は、一九五六年の総評第六回大会の組織方針で、「未組織労働者の組織化のための相談所の設置」が決定されたとか、また同年、労働省は「中小企業労働問題相談所」を設置を決定したとかの記事(総評・岡村省三編「オルグ」労働教育センター一九七六・七)があるので、多分その辺りが出発点と思われる。

しかし労働相談活動が本格的な運動として登場してくるのは、葛飾区労協の「パート一一〇番」や地域ユニオンが発足する一九八〇年代前半になってからと思われる。また全国一般南部支部が「労働相談センター」を設置したのは一九八三年のことであった。日本労働弁護団は一九九三年に「雇用調整ホットライン」という名称で、初めて電話相談活動をはじめた。

しかし一方、企業別組合においては、「実に残念だが、労組は職場のトラブルを相談するような場所と思われていない。内部告発にしても、その告発先は労組ではなく外部機関。その現実に対して、もっと危機感を持たなければならない。多くの労組が「よろず相談所」の看板を掲げているが、ならば現実にどれだけ相談が来て、それによって職場がどう改善されたか、自ら問い直すときでしょう。」（連合笹森会長「ひろばユニオン」労働者学習センター二〇〇四・一〇）という状況が続いている。

2　組織化の方法は労働相談にかぎらないし、その他の有効な方法があれば貪欲に追求しなければならないが、現在では恒常的な方法としては、労働相談活動が主要な方法とならざるをえないのではないだろうか。

先述したように、大企業の組織労働者領域が資本家階級によってほぼ制圧されているという階級闘争の現状から規定されて、現在、階級矛盾が主に個別労働相談としてしか現出

必要に応じて開かれる新入組合員のための「初級労働学校」。講義する石川副委員長。（2005 年 8 月）

しない状況に至っている。つまり労働相談の領域は資本家階級の最大の弱点を構成しているともいえる。だからこそ資本家階級は階級矛盾を個別労使紛争に囲い込み、閉じこめ、法的制度的解決をはかり、集団的労使関係への結合・転化・発展を阻止しようとしている。

③　したがって、権力・資本家の基本的方向は先に見たように、集団的労使関係の否定と個別労使紛争（機関）への誘導（労働組合つぶし）にあるといえる。つまり資本家階級の狙いは、行政（労働基準監督署、労働局、労働委員会）、裁判（労働審判制）、民間のＡＤＲ（裁判外紛争解決手続）団体（社労士法の改悪）、労働契約法制（労使委員会）などによる、労働組合の

団結権、団体交渉権、団体行動権のはく奪にある。

4 我々の目標は、強大な労働組合の建設にある。そのためには、現状継続の「戦闘的労働運動」だけでは対抗しきれないのではないか。団塊の世代をはじめ定年退職者続出で組織消滅の可能性を脱しきれないと思われる。我々の目標達成のためには労働相談・組織化を軸にした戦闘的労働運動の復活こそが今必要ではないか。

五、「ひとのために生きよう」

二〇〇五年の暮れにテレビを見ていたら、『夜回り先生』水谷修という人のドキュメントをやっていた。少し気になったので著書を三、四冊集めて読んだ。

彼のやっているのは次のようなことである。

◎「夜回り先生」水谷修は「一三年前に夜間高校の教員になって以来、『夜回り』と呼ばれる深夜パトロールを続けている。夜一一時頃から、繁華街にたむろする子どもたちに声をかけ、名刺を渡したり、相談に乗ったりするのが日課だ。」相手は、リストカット、いじめ、シンナー、窃盗、カツアゲ、引きこもり、クスリ、援助交際、暴走族の子供たちだ。

彼は主張する。

◎今、私たちの社会は「攻撃型の社会」になっている気がします。「何やってるんだ」、「そんなことしていてどうする」など、日々人間関係のなかで人を傷つける言葉が飛び交っています。上司が部下を叱り攻撃する。その部下は家庭で妻を、その妻は子供を叱り攻撃する。それでは子どもはどうするのでしょうか。自分より弱いものをいじめるのでしょうか。年下の子どもをビルの屋上から突き落とすのでしょうか。同級生を殺すのでしょうか。今、この大人たちのイライラがすべて子供たちのところに凝縮されています。そんななかで、少しは元気を残した子どもは夜の街で非行、犯罪、または大人の餌食に。しかし、それらの子供たちよりはるかに多数の、優しい心の素直な子供たちは、「私が悪い子だから親に叱られた」、「私がだめな子だから先生に叱られた」と自分自身を責め、そして、夜の暗い部屋でカミソリや多量の薬を前にして、死を考えています。

◎もちろん夜の街では危険な目に遭うこともたくさんある。クスリの売人にナイフでわき腹を刺されたことも、暴力団にハンマーで親指をつぶされたこともある。それでも、苦しんでいる子どもをたすけることができるなら、別にたいしたことだとは思わない。

彼は子どもたちに次のように訴える。

◎子どもたちへのメッセージとして、「いいんだよ、過去のことは……。まずは、すべてを受け入れ明日に向かって生きていこう」。

◎人にとって、人から頼られ人のために働き、笑顔をもらうことは、とても幸せなことです。人は人のためなら、とくに愛する人のためなら、何でもできます。またどんなつらいときでも、力をもらえます。でも、今の日本では多くの大人たちがこのことを忘れているようです。

◎「悩むな、子供たち」悩んでもムダなんだ。答えの出ることは悩む前に答えが出ているし、答えが出ないから悩むんだ。答えの出ないことで悩むより、明日に向かって今やれることはあるんじゃないか。まわりに優しさを配ってみよう。人のために生きてみよう、そういうメッセージを込めた本です。そこが大事だと思います。
◎過去は、すでに変えることはできません。過去は過去なんです。今をその過去にとらわれても明日は来ません。闘うか、受け入れるかです。闘うのだったら手伝います。受け入れるのなら、今を明日のために使うことです。……自分にこだわり苦しむより、人のために生きてみませんか。

そして多くの子供たちをたすけた。

◎美晴はその後、運送会社に勤める青年と結婚している。
現在、一児の母である。ときどき電話で元気な声を聞かせてくれる。三人でなかなか温かい家庭を作っているようだ。
◎現在、兄弟とも元気よく大工の仕事をしている。
◎現在、彼は少年院を出て、都内の運送会社で配達助手をしている。毎日、朝早くからトラックの助手席に乗り込み、荷物を運ぶのを手伝う仕事だ。勤め始めてからは、一度も仕事を休んだことはない。喜んで残業するし、休みでも仕事があればすすんで引き受ける。

彼自身は、

◎私にとっては、「夜回り」が生きがいだ。「夜回り」をしないと、私は生きていけない。

◎私は、今日から「水谷先生はさみしくないんですか」という質問に、胸を張ってこう答えます。「きっといつもさみしいんだよ。だから、人のために生きる。誰かに笑顔をもらうため」。

彼の考えていることはほぼこのようなものでないかと思う。

それで、私は次のような感想を持った。

[1] 彼の、子供たちと真っ正面から向き合い、子供たちを救おうとする、身体を張った実践は感動を呼ばずにおかない。日本の将来を引き継ぎ、担うべき次の世代である子どもたちをとりまく環境はすさまじい。児童虐待の相談が三万件を超え、イライラする小学二年生が四割を超え、「私なんかいない方がよい」と思う小中学生が三割近くいるという現在、彼に子どもたちから何万通のメールが来るのも、彼の本が本屋で平積みになってすごい勢いで売れているのもよく納得できる気がする。

2 今の日本が「攻撃型の社会」になっており、社会の矛盾、階級矛盾が一番の弱者である労働者と家族、とりわけ子どもたちに押し寄せて、さまざまの被害の現象を生み出している。またそれは根本的には子どもの問題でなく、大人の社会の問題であるとの認識は正しい。

3 本人が「闘うのだったら手伝います」という当事者と我々との関係性、スタンスはこのような社会的な人間関係の処理にあたっては絶対に必要なもので、その観点をなくしたり、曖昧になったりすると、まちがいなく当事者は一方的な「助けられる物体」「お客さん」になってしまい、結果的にはうまくいかない。本人が「闘うのだったら手伝います」という彼の明確な主張は、今までの彼の実践上の苦労を示すものだし、今までの我々の運動を振り返ってみても、正しい結論だと思う。

4 子どもたちがさまざまな「非行」から抜けだし、運送会社に勤めたり、大工になったり、結婚したりで、いわゆる正常な生活になったというところで話が終わっている。この本がそういう種類のものだからそれはそれでよいのだが、実際の彼らのもっと大きな問題は人生の長い時間を占めるその後の生活にある。ほとんどの子どもたちは労働者となって、それぞれが資本主義社会でそれぞれの個別労使関係を作っていくことになる。否が応でもほとんどの人間が労働者となり、いかなる形になるとしても経営者と対峙せざるをえない。生活を安定させる、有利な労使関係を作るには集団的労使関係、労働組合の問題は誰も避けて通れることではない。

5 彼は、子どもたちに訴える時の重要ポイントとして、「人のために生きてみよう」という言葉をあげている。実は当初私が「少し気になった」のはこの点である。それも、あまり詳しく説明していないが、「自分にこだわり苦しむより」とか、「自分病」に対置する形で、それらに反対し、克服することとして、この言葉を提起している。自分だけの世界に閉じこもらず、社会的人間関係の中で問題の解決をはかれということである。それでしか、自分のことも解決できない。「人のために生きる」ことは、人間が社会的関係の中でしか生きられないためであり、他者との関わりによって唯一、人間らしく生きることができるということである。ではなぜ今このことが改めて強調されないといけないのか。それは、それほど日本の社会での人間の個別分断が、子どもの世界にまで徹底して浸透しているためにほかならない。だから「人のために生きよう」との呼びかけは、「資本独裁」下における労働者の個別分断社会にあっては労働者から子どもまでの共通のスローガンになりうるし、しなければならない。

【参照】水谷修『夜回り先生』（サンクチュアリ出版、二〇〇四年二月）、『夜回り先生と夜眠れない子どもたち』（サンクチュアリ出版、二〇〇四年一〇月）、「夜回り先生の卒業証書」（日本評論社、二〇〇四年一二月）、『夜回り先生　こころの授業』（日本評論社、二〇〇五年一一月）

六、団結権思想（労働組合の存在意義）の復権

労働者の個別分断が極端まで進んでいる現在にあって、知識でなく、自らとの関わりの問題として労働組合を考えることの可能な労働者は極少と言うほかない。劣悪な労働条件を克服し、労働者としての誇りを回復するためには、労働者はどうしても「労働組合」という武器を、「団結権」の思想を自らのものにしなければならない。そして同時に、その労働者がいったん団結権思想と労働組合を掴んだら、それを武器にして、驚くほどの早さで確信を持って経営者との闘いを勇敢に開始するのもまた事実である。だから我々はそこに希望を持つ。

したがって、我々は繰り返し団結権思想（労働組合の存在意義）を訴えていかなければ

ならない。

日本国憲法第二八条では、「勤労者の団結する権利及び団体交渉その他の団体行動をする権利は、これを保障する。」と、一般的な「結社の自由」とは別に特記した。

憲法に基づき、労働組合法第一条で、「この法律は、労働者が使用者との交渉において対等の立場に立つことを促進することにより労働者の地位を向上させること、労働者がその労働条件について交渉するために自ら代表者を選出することその他の団体行動を行うために自主的に労働組合を組織し、団結することを擁護すること並びに使用者と労働者との関係を規制する労働協約を締結するための団体交渉をすること及びその手続を助成することを目的とする。」と述べ、とくに「促進」、「擁護」、「助成」と指摘することで、労働者保護法としての役割を明記した。

言うまでもなく、憲法に書かれているから団結権があるわけではない。労働者階級の長年にわたる血みどろの闘いによって、団結権がかちとられ社会的に認められてきたから、つまり階級闘争の前進の反映として憲法に明記されたのである。だから、憲法上の権利は闘いがなければ、はく奪される。

では、資本主義社会に生きる我々労働者にとって、「団結権」はどのように理解されるべきなのだろうか。労働法学者の見解を聞いてみよう。

まず、野村平爾は、「「生きること」、そのために「働くこと」、また「生きること」「働くこと」のために「団結すること」、この三つは、資本主義的労働関係が生み出させたところの労働者の要求であり、かつその固有の要求である」（野村平爾『労働基本権の展開』岩波書店、一九七五年一〇月）と主張する。

沼田稲次郎は、「団結権を欠いた、或いは極度に制限せられたところに与えられる生存権法制即ち保護法制は実は虚名の生存権に終わることは明らかなことである。資本制社会が国家社会であり法秩序として現存する限り、労働者階級の生存権は団結権の確保によってのみ確かなものとなる」（沼田稲次郎『団結権擁護論』勁草書房、一九五二年七月）と指摘している。

そして佐藤昭夫は、次のように言う。

「資本主義社会の労働者は、生産手段の所有から切り離された者として、自己の労働力を他人に提供することを余儀なくされている。つまり、労働者にとって、国家からの自由を意味する市民的自由の保障は、それ自体としては形式的なものにすぎない。その自由は、労働関係において経済的力の差を背景に、契約自由の形式を通して、実質上資本の利益のために抑圧されることを避けがたい。それだから、これに対する保障として必要とされたのが、憲法二七条、二八条の勤労権、団結権の保障である」

「労働者の団結は、歴史的にはどこの国でも最初は法律によって抑圧された。歴史的に市民法の最初の段階での取引の自由は、個人的な取引の自由にかぎられていた。労働者の団結、労働組合は、むしろ共同した団結の威力をもって個人的な取引の自由を脅かすものとして、犯罪であり、不法行為として扱われた。だから、これに対して、団結の自由、その正当性を認めよ、労働組合の抑圧をやめよ、労働組合とその活動を合法化せよ、ということが労働者にとって第三の基本的要求となる」（佐藤昭夫『労働法学の方法』悠々社、一九九八年一二月）

つまり、団結権（労働者が労働組合を結成し活動する権利）は、労働者の生来の要求である生存権、労働権を実現するために欠かすことのできない権利で、団結権の確保なしには生存権、労働権の実現もありえない。歴史を振り返ると、団結権は当初、個人的な取引の自由を脅かすものとして市民法的には犯罪であり、不法行為であったが、労働者の闘いの歴史的持続によって、生産手段の所有から切り離された労働者の当然の権利として、社会的に確立されてきた、ということになる。しかし団結権の範囲は常にその時代の労資による階級闘争と力関係の反映として規定されるもので、固定的でなく、流動的である。労働者の力が弱い時期は団結権の内容は制限される。

七、まとめ――「会社はいっとき、組合は一生」

どんな労働者でも、昔とちがって、いまは学校を卒業してそのままひとつの企業で定年まで過ごすなどとは夢物語である。いわば「流動する労働者」が通常の存在形態にならざるをえない。「新時代の日本的経営」路線の浸透は一生一企業の時代を過去のものにした。そのような時代にあっての根本問題は何か。それは、労働者は「何を頼って生きるのか」ということである。

個々の労働者は企業に頼って、ないしは依拠して、奴隷の一生を過ごすのか、労働組合に依拠して労働者としての誇りを持って一生を過ごすのか、選択を迫られている。資本独裁社会にあって、企業主の奴隷の地位に甘んじながら、人間らしい生活の確保など幻想である。

しかしその場合の労働組合は企業内組合ではない。「超」企業の、地域ないしは産業に基盤をおいた労働組合でしかありえない。個々の労働者は勤め先である企業を何度か変わる場合でも、自らの属する労働組合はずっとひとつという状態を続けるのである。「超」企業の労働組合は労働者にとって安息の場であると同時に、出撃拠点の役割を果たすのである。

鎌倉武士は所領地がメシの種だから、それに命をかけた。言うところの「一所懸命」である。日本の労働者は長いこと、終身雇用、年功序列制度によるいわば「一社懸命」で企業社会を生きてきた。しかし現在の労働者はそれが崩壊したことを知っている。その伝で行けば、これからは「労組懸命」ではないか。労働組合があって会社がある。会社はいくら変わっても、組合にはずっと加入し続けることによって、自らの生活と権利を守る。労働債権型の組合員をそれだけで終わらせない。生涯組合員で、職場が変わるだけなのだ。

その時にはじめて、労働組合とその運動は一生涯にわたるものとなり、賃金、生活確保、生きるための闘いすべての土台を構成するのである。まさに「ゆりかごから墓場まで」の

プレス金属加工組み立て作業に励む高砂産業支部のベテラン組合員。
(2004 年 4 月)

会社の破産攻撃に屈せず、六年間にわたって、組合員の自主生産により会社を経営してきた。職場と団結を守ってきた東部労組高砂産業支部の仲間たち。
(2004 年 4 月)

生存権、労働権、団結権の確保を労働組合で実践することにほかならない。

我々はそういう状態を、「会社はいっとき、組合は一生」と称している。二一世紀の今、時代はすでにその「会社はいっとき、組合は一生」という時期に突入しているのではないか。

問題はその体制を受け入れることのできる主体的条件である労働組合を我々がどれくらい具体的に展望し、かつ力強く構築できるかどうかにかかっている。

第三章　地域合同労組と組織化活動

一、地域合同労組の基本活動

地域合同労組の基本活動は職場闘争と組織化活動である。

すべての組合員が自ら勤務する事業所で、職場闘争を行い、労働条件の向上と組合権利の拡大に努力することは地域合同労組の基本活動である。同時に、地域合同労働組合の組合員が未組織労働者の組織化に取り組むことは、もうひとつの重要な基本活動である。この二つは地域合同労組の組合員であれば例外なしに共通する基礎的な活動といえる。これらの活動をやった上で、その他の活動、つまり政治闘争や地域共闘を推進すべきと考える。地域合同労組の組合運動としては、職場闘争と組織化活動がなくて、その他の活動はありえない。職場闘争と組織化活動がなければ、市民活動家やその他の活動家と何ら変わらないことになる。

換言すれば、自らの職場におけるひとりの労働者の立場にたてば、職場闘争と組織化活動は対立するものではない。組織化活動は、職場闘争を行い、自らの労働条件を向上させる環境を作るための活動で、労働組合のない職場ではここからはじめるほかない。また職場闘争は、職場に未組織労働者、つまり非組合員がいる限り、ほぼ日常的に組織化活動をふくむものである。地域合同労組にとって、職場闘争と組織化活動は組合の基本活動である。

二、オルグとは

オルグとは、オルガナイザー（organizer）の略称で、通常次のように言われている。「組織者の意味で、略してオルグともいう。労働組合の上部機関から派遣され、特定の地域や経営に責任をもち、未組織労働者に働きかけて組合加入や組合結成を促進し、また、弱体な組合下部組織に貼りついて、その活動を援助する（このような活動をオルグ活動という）役割を果たす。一九世紀末のイギリスで、職業別組合の限界を突破するために産業別組合や一般組合が成立したが、これらの組合はそれまで未組織だった不熟練労働者をおもな組織対象としたため、彼らを組織して組合拡大をはかるためにオルガナイザーという新しい役割が必要とされるようになった。今日では、労働組合だけでなく、さまざまな大衆組織にもオルガナイザーが存在することがある」（遠藤公嗣『世界大百科事典』平凡社）

私たちもほぼ同様の「組織化を主な任務とする組合活動家」の意味で以下使用する。

三、地域合同労組の幹部・活動家（オルグ）の条件

地域合同労組の幹部・活動家（オルグ）の条件とは何か。おおまか次のことがいえるのではないか。

第一に、労働相談の対応ができること。

第二は、組合結成の指導ができること。

第三に、争議指導ができること。

第四に、支部の職場闘争を指導できること。

第五に、地域共闘、政治闘争に対応できること。

しかし最初からこのような条件を持った活動家はいない。これらの「オルグの条件」は目標であり、地域合同労組という恵まれた環境の中で自らを鍛え、この目標に向かって経験を積んでいくということである。つまり、労働相談、組織化活動をやることの中に、オルグとして成長する糧がある。支部、個人組合員の団交、労働委員会、裁判などをやれない地域合同労組の幹部はあり得ない。

別の視点からオルグのあり方を考えると次のようにもいえる。
① 組織化、支部結成、新支部の指導、争議指導、地域の他労組支援ができるようにする。
② 自分で方針を立てる、方針の結果について責任を持つ。
③ 経験をつむ（職場闘争、相談活動、組織化、団交出席、労働委員会、裁判など）。
④ 戦術問題に習熟する（たとえば、「使用者概念の拡大」「法人格否認の法理」（背景資本）、倒産、営業妨害、立ち入り禁止の仮処分裁判、非正規雇用に伴う問題など）。

四、「組織化オルグ」と「共闘オルグ」

現在の組合活動においても、さまざまなオルグ活動はあるわけで、そのなかでも「組織化オルグ」、争議指導という現場に根ざした活動に基礎をおき、自らを鍛え、そういう組合活動を建設すべきであろう。

一九五六年に発足した総評の「中小オルグ」（中小企業対策オルグ）の一員であった水野邦夫氏（当時全国一般全統一委員長）は、中対オルグ発足二〇周年記念のオルグ座談会で指摘している。

「新しく入ってきたオルグは、組織化もできないし、争議の指導もでききんわけですな。たんなる共闘オルグになりますからね。オルグをするというより、共闘関係のメッセンジャーボーイみたいになっている。通達と教宣資料の伝達オルグみたいな。これ全部だとはいいませんが、そういう傾向が非常に強まっている」（総評編『オルグ』労働教育センター、一九七六年七月）。

まったくの至言というもので、我々はこの言葉を戒めにして、「組織化オルグ」の育成に専念すべきであると考える。

労働組合運動の原点である労働現場、荒々しい労使の「切った張った」の闘い、場合によっては血の出る真剣勝負の生身の攻防戦、そういう闘いの中での「オルグ」の役割を考えるべきであろう。共闘関係その他の活動についてはその上に付け加えるべきで、最初から「組織化オルグ」や「共闘オルグ」などと役職を固定的に分業すべきではない。「組織化オルグ」を基本にして、何でもやれるオルグを目指すべきであろう。当初から組合役員の役割分担を固定的にとらえ実行したなら、その弊害は必ずや出てくる。

五、活動家・オルグのあり方

活動家・オルグのあり方については、次の言葉を提示したい。
1 レーニンは「経済闘争での活動家の任務」として次の三点を指摘している（「社会民主党綱領草案と解説」一八九五）。
三点とは、

（ア）労働者の階級的自覚を発達させること、
（イ）組織化に助力すること、
（ウ）闘争の任務と目標を指し示すこと、である。
その三点についてそれぞれ「解説」をしている。
（ア）については、「労働者の階級的自覚とは、労働者が自分の地位を改善し、自分の解放をかちとる唯一の手段は資本家階級との闘争にあることを理解すること、全労働者の利害は同一であり、全労働者は他のすべての階級と別個の一つの階級をなしていることを理解すること、労働者は自己の目的を達成するためには国政に対する影響力をかちとらなければならないことを理解することである」、「では、労働者はどういう道すじでこの点の理解を獲得するのか。労働者は、彼らが工場主に対して開始している闘争そのものから、理解をくみ取る」。
（イ）については、ストライキの成功、共済基金、扇動、パンフの配布などのために必要としている。
（ウ）については、「闘争の真の目標を指示すること、すなわち資本による労働の搾取はどういう点にあるのか、この搾取は何に基づいて維持されているのか、土地および労働用具の私的所有はどのようにして労働者大衆を貧窮に陥れ、彼らに自分の労働を資本家に売ること、労働者の労働によってその生活費をこえて生産される全余剰をただで資本家に与えることを余儀なくさせるかを労働者に説明すること、さらにどのようにしてこの搾取は不可避的に資本家に対する労働者の階級闘争へ導くか、この闘争の条件と終局の目標はどういうものであるかを労働者に説明することである」と主張している。

資本主義社会で闘う我々の活動の基本として、学ぶ点は多い。

[2] ディミトロフは、幹部の主な基準の一つとして、「独自にその方向を見いだす能力と決定をくだすにあたって責任をとることをしりごみしない態度。闘争の具体的な問題を独力で解決せねばならないような立場におかれ、また自分のくだした決定に対して全面的責任のあることを知っているような場合に、幹部はもっともよく発達し、成長するものである」(「ファシズムに対する労働者階級の統一」一九三五年八月)と指摘している。

これは、労働組合の幹部・オルグの活動基準としても通用すると思う。闘争にあたって、「独自にその方向を見いだす能力」と「決定をくだすにあたって責任をとることをしりごみしない態度」は、労働組合の幹部・オルグの欠かすことのできない必要条件である。

実践上そのような立場におかれた活動家であれば、身にしみて忘れられない言葉であろう。活動家は常に「方向を見いだす能力」を高め、「闘争の具体的な問題を独力で解決」するために、惰性でなく、つねにクリエイティブ（創造的）でなければならない。

3 一九九三年頃、私が東京労組に「出向」していた時、東京労組高橋副委員長（当時）は常々、物事の将来を予測するにあたって、「当たるも八卦、当たらぬも八卦」と言っていた。これは、労働組合のオルグは頭を使って将来予測について訓練せよ、それは当たっても当たらなくてもよい、それを繰り返すことで戦術予測の能力は鍛えられる、ということだと思われる。このような訓練はオルグにとって非常に大事なことである。

六、組織化とは実践的にはオルグの問題である

組織化とは実践的にはオルグの問題である。相談の受け皿の問題、相談の着手にどれく

らい対応できるかの問題である。相談・組織化問題が個人化、多様化してきている中で、現在の数名によるオルグ体制でなく、もっと多くの組織化オルグの体制を作る必要がある。そのためには、一子相伝的、職人的、手工業的な体制、方法の継承でなく、組織化オルグの経験交流やマニュアル作成などシステム化の必要がある。最大の課題は、手工業制をいかに脱却するか、にあるといえる。この問題は全国の地域合同労組・ユニオンの共通する弱点であり、課題である。「手工業制」とは、仕事を手仕事でやることで、見通しもなく少人数で行い、大衆的でも、組織的でもないこと示している。具体的には、専従だけの運動形態をいかに変革するかということになる。

つまり労働運動再生のカギは、大量かつ強力なオルグ集団の建設にある。「一〇〇人のオルグで、一〇〇人の組織化を！」くらいの気持ちで取り組むことが必要となる。組合員を活動家に、活動家をオルグに、の活動を通じて、また大量の労働相談ボランティアの募集を通じて、大量かつ強力なオルグ集団を建設し、オルグをめざそう。

七、労働相談活動の取り組みにあたって

(1) 労働相談組織化活動で「恐れてはならないこと」三点

労働相談組織化活動を積極的に、萎縮せず、大胆に推進するための心得として、「恐れてはならないこと」三点を提起したい。

第一は、「知らないことを恐れるな」ということである。

労働法の知識、組織化、争議、労働委員会、裁判などについて、最初は何も知らないのは当然である。知らないことを恐れるな。恥と思うなといいたい。知らないことが分かったら、がむしゃらに勉強しよう。それでなくても最近はどんどん法律制度が変わるので、新しいものを吸収する努力が必要だ。

第二は、「未経験を恐れるな」である。

労働相談、団体交渉、争議、職場闘争、労働委員会、裁判、総行動など経験する中ではじめて習熟していく。新しいことに挑戦しよう。

第三は、「失敗を恐れるな」。

何回も失敗した後に成功がある。失敗は悪いことでなく、本当に成功の母である。活動家を育てる最大の武器は「失敗」であるといっても過言ではない。謙虚さを持続し、あきらめないことが肝心だ。しかし無条件に失敗を奨励するものでないことはいうまでもない。真剣に闘うこととときちんと総括することの二つが、失敗を恐れないと言える不可欠の条件である。何も実践しない人だけが手を汚さない。闘いの敗北があったとき、「それみたことか」と説教をたれる人がたまにいる。何もしないで、他人の失敗を責め、あげつらう人にだけにはならないようにしよう。

(2) 労働相談活動での留意事項

東部労組の「労働相談活動での留意事項」は何回か改訂されてきたものであるが、現在はつぎのとおりである。労働相談活動にあたっては繰り返し確認しあっている。

労働相談活動での留意事項

一、相談担当者の基本的立場

①　相談担当者は、相談者がおかれている、依頼する側としての立場の弱さを配慮し、傲慢にならないように、謙虚な態度をとる。

②　相談活動の目的は、直面する即時的な問題の解決にあるが、根本的には組合加入、組合結成でしか解決しないことを示し、導く。

③　当事者が自ら立ち上がることを追求し、請負・代行は行わない。

二、相談する本人の立場で考え、対処する

①　不安をやわらげ何でも話せるよう親切に優しく対応する。

②　当人の話を真剣に聞く。

③　話の中の相手の正義を支持し、不正義は指摘・是正し、励ます。

④　相談内容に即して対応し、人生に介入するようなよけいなお節介はしない。

三、相談内容を正確につかむ　（何を相談したいのかをはっきりさせる）

①　法律などの知識を知りたいのか。

②　問題解決のためどう行動すべきかを知りたいのか。

③　労働組合加入による解決方法があることを積極的に助言する。

四、相談内容に応じた適切な対処をする

①　思いこみを避け、よく話を聞いてから対応する。

②　不確かなことは即答せず、調べてからにする。

③　組合加入や支援の場合は直接本人と面接し、組合側でも対応策を協議する。

④　やり方については積極的にアドバイスする。

⑤　組合結成をいつも追求する。

五、相談者に迎合しない

①　相談者に社会的正義がない場合でも、相談者の側につきがちになるので注意する。

②　結論がはっきりしている場合はぐずぐずせずに相談者に通告する。

六、できるだけ組合に来てもらい面談する（なぜ来所をすすめるのか）

① 面談によって細かいところまで相談者のことを知ることができ、また相談にのれる。

② 組合加入、支部結成、着手に持っていきやすい。

③ 相談者のやる気を確かめられる。

七、組合加入にあたって

① 労働組合は相互扶助組織であることを説明し、それに同意できない場合は加入を断る。

② 組合と新規加入組合員との「覚書」について一条ごとに説明し、誤解のないようにする（とくに入会金、組合費、解決金）。

③ 加入アンケートには必ず記入してもらう。

④ 組合員名簿記入や個人ファイルの作成など事務処理を即時に行う。

八、担当者

①担当者が決まったら、すべて担当者を通して対応する。

②意見がある場合は、担当者に言う。

九、解決した後

①当人に感想文(総括)を書いてもらう。

②解決後も組合に残るようきちんと話す。

一〇、警察や会社などへの警戒心を忘れない

①警察や会社側(使用者団体)の基本的立場は労働組合への敵視、組合つぶしである。その意味で彼らはつねに我々の活動(宣伝、ホームページなどを含む)を監視していることを忘れてはならない。

②組合内部のことは、組合外で無警戒になんでも話してはいけない。

必要なものと考える。

八、NPO法人労働相談センター

地域合同労組の労働相談・組織化活動にとって、労働相談センター的な活動との連携は必要なものと考える。

1 NPO法人労働相談センターの生い立ちと経過

一九八八年九月、東京都の東部地域の五つの労働組合が協力して、解雇や賃金不払いなど地域の労働者の労働、生活、法律、医療などの相談の解決と労働組合結成を援助するため、東京都葛飾区青戸に労働相談センターを開設した。

当時は労働相談の宣伝のため、駅頭や団地でのビラまきで相談を呼びかけていましたが、年間数十件の相談にとどまっていた。

一九九三年七月にはじめて、東京東部地域の電話帳（タウンページ）に広告を掲載した。それ以降、徐々に相談が増え始めた。その後タウンページでの広告は首都圏に範囲を広げたが、二〇〇四年二月、電話帳経由の相談が減少したため、広告掲載を終了した。

一九九五年からは労働相談センターの運営を東京東部労組だけで行うようになり、翌九六年九月には、インターネットに労働相談センターのホームページを開設した。

そうすると、相談センターには地域にとどまらず全国各地（さらには世界各地に駐在する日本人労働者）からの相談が飛躍的に増加した。そのためそれに対応できる全国どこでも、だれでも、一人でも入れる労働組合「ジャパンユニオン」を一九九九年末に設立し、「労働相談センター」の運営をそちらに移行した。

あわせて東部労組、ジャパンユニオン、労働相談センター、倒産相談ネットを「ジャパンユニオン・グループ」と称するように決めた。さらに労働相談のエリアについて、東部労組は従来通り東京東部地域を中心に首都圏を主に対象にし、その他の全国各地をジャパンユニオンが主に対象するようにした。

二〇〇四年七月、東京都の認証を受け、NPO法人労働相談センターが発足し、独立して事業を行うようにした。一方、東部労組は〇五年六月、全国一般労働組合全国協議会に加盟し、全国一般東京東部労組となった。

2 労働相談センターをNPO法人（特定非営利活動法人）にする時の設立の目的とし

て、次の十点を確認した。
一、労働相談センターの社会的信用度を高める。
二、相談者に安心感を与える。
三、市民団体などとの社会的協力を強め広げる。
四、若者、市民、高齢者などの結集をはかる。
五、ＮＰＯ関連の全国労働ネットワークを作る。
六、相談・組合結成の供給源となりえる。
七、マスコミとの関係をよくする。
八、寄付金、補助金などを目指す。
九、将来的には、他労組も入れて全国組織に発展させる。
十、ボランティアの結集をはかる。

3　労働相談の解決は団結権、団体交渉権、団体行動権を持つ労働組合の力で

ＮＰＯ法人労働相談センターの特徴は、労働相談の解決を団結権、団体交渉権、団体行動権を持つ労働組合の力で行うところにある。実際問題として、行政機関などでの解決は

一過性のもので、恒常的解決にはならない。退職後の問題であれば、それなりの意味があるが、在職中であれば、労基法違反の是正は棚に上げて、むしろ労働基準監督署などへ誰が通告したかの「犯人捜し」に焦点が移行し、いじめられて解雇の対象になるのがオチである。職場で違法状態を是正し、労使対等になるだけの力を労働者が持つためには労働組合なしではありえない。退職後でも悪質事業主には労働組合の徹底した追及行動のほかには納得いく解決はかちとれない。

4 NPO法人労働相談センターの体制再編

労働相談センターは現在、東部労組関係者だけで構成されているが、これからは多くの労働組合に広くNPO法人労働相談センターを開放することが、その発展にとって不可欠のことと考える。

第一には、理事会構成メンバーの改編である。まず理事長は広く労働界を代表する人に替える方がよい。そして理事会には、全港湾、全日建連帯労組、全国一般全国協その他の労組に入ってもらうようにしたらどうだろうか。

第二には、電話、メール相談など実務的なことはすぐに替えるわけにはいかないので、しばらく現状を維持しつつ、できるだけ東部労組を含む多くの労組その他で担えるように再編するようにしたい。

第三は、現在は東部労組だけで担っている経費（主に人件費）を各労働組合で分担する方向をとりたい。

九、金銭（解決金）について

労働相談を受け、当事者が組合に加入し、闘争がはじまる。紆余曲折があるが、いずれにせよ闘争は終結する。たとえば解雇問題であれば、解雇撤回、現職復帰のこともあれば、解決金など金銭解決のこともある。その際に、当事者と組合に相応の解決金が入る。

従来、我々は被害者である当事者にできるだけ多額の金額が行くように無条件で努力してきた。しかし、当事者にできるだけ多く金がいくことはよいことか、ということをもう一度真剣に考える必要があるのではなかろうか。

バブル全盛期に何億という巨額の解決金をとって当事者に配布したことがあったが、持ちなれない金を持ったため、ギャンブルと女性に身を持ち崩し、何人かはその後の人生が不幸に変わった。そういう労働者と家族を何人も見ると、金とは何かと考えざるをえない。当事者に多くの金が渡るのが必ずしもよいとは言いかねる。持ち慣れないカネは持たない方がよい。

むしろ労働運動に還元することを考えるべきではないだろうか。当事者にできるだけ多く金がいくことはよいと考えるのはやめた方がよい。

第四章

労働相談・組織化戦略についての提言

——組合あげての地域密着型の労働相談・組織化活動にかじを切ろう！

一、これまでとこれから

従来から、労働相談・組織化にあたっての活動基準は、第一に組合（支部）結成、第二に組合員活動家の獲得、第三に財政の確保、解決金（闘争資金）の獲得においてきた。その活動基準はこれからも基本的には変わらない。恒常的な組合（支部）結成に向け最大限の努力を傾注することが必要である。

しかし労働者をとりまく情勢が大きく変わってきた現在、それだけでは十分といえない。当初から集団的労使関係を想定できる相談がここ数年、少なくなってきている。数年前までは複数の労働者での相談、ないしは個人で来てもその背後に職場の仲間の顔が見えた。しかし最近は影さえ見えない、まったくの孤立した個人の相談がほとんどだ。

したがって、我々としては、組合結成に即結びつく相談を望むが、実態としてまったくの個人相談がほとんどを占める現状からいかに組合結成をめざすのかを考えなければならなくなっている。

第一章において、NPO法人労働相談センターの二〇〇五年労働相談を分析して、次のように総括した。

① アクセスは増加し、相談も増加した。
② まったく一人の個人相談が圧倒的に多い。
③ インターネット経由による相談がほとんど。
④ 事務所を訪問して面接で相談する「来所」が増えた。
⑤ 「着手」が増えた。
⑥ しかし組合加入人員は減少し、一三〇人ほどにとどまった。

そして、そのことから導き出される課題としては、直接的にはアクセス増加、相談増加、相談来所増加、着手増加をいかに組合加入人員の増加に結びつけていくのかということとなる、と今後の課題を設定した。

その課題を達成するにはどうすればよいだろうか。

そのカギは第一に「組合あげての」、第二に「地域密着型の」労働相談・組織化活動に大胆に運動のかじを切ることにあるといえる。

「組合あげての」労働相談・組織化活動とは、現在インターネット経由の相談を主に専従者が取り組み、組織化を進めるという現状から、その活動は堅持しながらも同時に、各支部組合員が宣伝から組織化まですべての面で「組合あげての」取り組みをめざすことである。

「地域密着型の」労働相談・組織化活動とは、全国に広がる相談に真摯に応えていくのは従来通りだが、同時に「組合あげての」取り組みによって、東京東部地域に集中した宣伝活動を展開し、それによる地域労働者からの相談に応え、東部地域労働者に重点をおいた組織化をめざすことである。

そして、地域密着型の労働相談・組織化活動の推進から出てくる組織化の新しい方向として、後述する「送り込み」戦略を提起したい。

二、組合あげて地域密着でたたかう

前項で述べたように、我々の弱点である組合加入人員の減少傾向に歯止めを打ち、拡大傾向に転化するためには、「組合あげての」、「地域密着型の」労働相談・組織化活動の確立が必要である。

そのためには、まず第一に、未組織労働者の組織化の意義について、組合全体で認識を深める学習会、合宿などの活動を強化することが必要である。

その上で、第二に、インターネットの相談が圧倒的に多い現状を克服し、組合員の友人、知人、親戚、支部取引先労働者、行政など相談領域を拡大し、地域からの相談の増加をめざそう。

そのために、第三に、地域からの相談を増やすための集中労働相談日向けと日常的な大量の駅・地域ビラ、ポスター、看板、ステッカーなどの徹底した地域宣伝が必要となる。

第四としては、それらの活動をやりぬくカナメとして、組織部活動の強化をあげなければならない。日常的な労働相談・組織化を担っている専従者と「組合あげての」組織化活動を担うべき大量の支部組合員の結合を果たすのが組織部の役割といえよう。

第五は、「労働相談ボランティア」の問題である。NPO法人労働相談センターとして、二〇〇四年一月から、インターネット上で「労働相談ボランティアになりませんか——労働問題の解決で社会貢献を！」と呼びかけた。厚生労働省の二〇〇一年ボランティア統計によれば、「勤労者の七割はボランティア活動に関心を持っているが、現在、活動をしている人は一六％にすぎず、五六％は今後やってみたいと考えている」という状況に応じようとするものである。

活動内容は、①労働相談のメール、電話、事務所訪問への対応、②相談者が労働組合加入の場合、事業主との交渉、解決への援助、③労働相談に関わる事務作業、においており、通勤費用および団体交渉出席など組合活動に伴う交通費は支給することにしている。ボランティアの対象を、①事務所に通える労働者（自治体労働者を含む）、定年退職者、学生その他、②通勤不可の場合はメール相談専門、としている。

NPO法人労働相談センターでは、多くの労働者に訴えて労働相談ボランティアにもっと結集してもらい、新しい労働運動の一翼を担うように働きかけたい。とりわけ、東京東部地域に在住か勤務の方が労働相談ボランティアに応じてもらうことで、電話相談に限らず多方面の活動に参加するようにしたい。

第六としては、組織化活動と地域共闘の結合がある。組織化活動は地域共闘と結合することによって大きな成果を確保できる。地域共闘と共同行動を通じて、地域の他労組に、東部労組機関紙を配布し、組織化活動の共闘、宣伝、労組結成、労働問題解決の共同取り組み、組織化研修、学習会への参加を呼びかけること。さらに地域の中立労組へ東部労組加入を呼びかけることが大事である。「東部労組は我々のものである」との発想を転換して、東部労組を意識的に地域に開放することが必要である。それによって、東部労組を地域労働者の砦、出撃拠点にしていくことが可能となる。

第七に、労働組合の二重加盟である。東部労組以外の労働組合の組合員が所属労組との二重加盟で東部労組に加入するようすすめよう。東部労組は、組合規約第二六条（組合費）第一項の中の「但し他労組に組合費を納入している者はその差額を納める」と記述しているように、二重加盟組合員を前提に構成されている。地域の官民労働組合の組合員に、積極的に二重加盟をすすめ、組織化活動での共闘をともに担うよう呼びかけよう。

三、定着個人組合員の獲得へ

労使の力関係の現状から個人分断化が極端にすすみ、労働者個人と会社との紛争が多発し、その解決をめざして個人組合員が増える社会的必然性がある。個人労働者の相談が労働相談のほぼすべてになっている現状において、その労働者が一人組合員として組合に加入し、そこから問題をどう展開していくかを考えざるをえない。

そのため、我々はこの状況を逆に積極的にとらえかえし、個人組合員の諸問題の解決を通して、その組合員が問題解決後も組合に定着するよう目標を設定し、意識的に「定着個人組合員」の獲得とその拡大を追求すべきであると考える。一人から闘いはじめ多数をめざすということだ。

さらに最近では非正規雇用労働者からの相談が増えていることも注目しなければならない。したがって、今後の運動の重点は、①中小零細企業の正社員と非正規労働者を「定着個人組合員」として結集すること、②非正規労働者（派遣、請負労働者など）に関わる法律・実務・闘い方・組織の仕方についての知識と経験を増やすことにおきたい。

我々を含め従来の合同労組の活動家は基本的に正社員出身者が多く、非正規労働者にかかわる法律や闘い方について熟練していない。それに、この分野自体が比較的新しく、闘争経験が少ない未開拓の領域と言わざるをえない。そのため、意識的に、貪欲に闘争の経験を積み、法則化して、闘争実績をはからないといけない。

同時に、困難な中でユニオンショップ御用組合からの離脱をめざす労働者が出てきているのも、ひとつの新しい傾向である。彼らも含めた「定着個人組合員」の獲得を追求したい。

職場に「定着」した「個人組合員」が増えることと、その後の努力によって複数の組合員を仲間にして、公然支部に転換できる可能性を持つ。

それらを遂行できる組織体制、すなわちしっかりした受け皿が必要であり、それが後ろ盾としての、安定した、強力な地域合同労組である。地域合同労組という集団的労使関係の保護のなかに個人労働者を組み入れること、そのことによって個人組合員は個人であって、すでに個人でないという日本の現在の労働者保護法体制の優位性をもって、労働組合として個別企業に対峙することができる。

東部労組での個人組合員の結集場所は労働相談支部である。労働相談支部での具体的活動は、①定期的な支部会議、②行事・行動の連絡、③東部労組総行動への参加、④機関紙・資料・ビラの発送、⑤組合費の定期的納入などである。これらの意識的な活動を通じて、共通する職場を媒介できないため、団結の社会的基礎の弱い個人組合員同士の関係を強化していかなければならない。そのこともあって他方で、個人組合員用テキスト、マニュアルの作成も必要となる。

労働相談支部の諸活動を通じて、後述の第二段階としての「送り込み」戦略につなげることで、展望を広げたい。

四、「送り込み」戦略

「送り込み」とは、従来からある合同労組の組織化手法のひとつで、労働組合が目標の企業・事業所を設定し、組織化のために労働組合活動家を就職させ、非公然で一定期間組織化活動をすすめ、組合結成をめざすものである。

しかし、今回の「送り込み」提起では、①いわゆる組合活動家にとどまらず、組織化未経験の労働者も活動主体にすること、②労働債権獲得の労働者を教育して組織化活動家に変えようとしていること、同時に、③労働債権獲得の労働者以外でも、労働相談ボランティア、個人組合員、支部組合員、退職者、付き合いのある他労組組合員など何らかの理由で東部労組に結集したすべての人を対象とすること、④労働学校や組合員の相互扶助の組織活動で意識変革を図り、活動家として鍛えようとしていること、さらに、⑤「送り込み」を担う労働者を大量に創出し、計画的に実行しようとしているところに、「新しい労働運動」としての意義がある。

「送り込み」戦略は、労働相談活動から組織化実現に達する基本活動になりうるものである。労働相談活動と組織化活動をそれぞれ分断された、別個の活動と位置づけるのではなく、労働相談活動から組織化活動へいたる一連の連続した活動として、意識的にとりくむ必要がある。

労働相談活動と組織化活動をサイクル運動として、循環させ、一企業での組織化をもってそのひとつの完結、その企業での新たな集団的労使関係の出発としつつも、同様の組織化の地域での多発成功によって、地域合同労組本来の目標である、地域での超企業の横断的かつ統一的労働条件を獲得する端緒をかちとることを展望したい。

つまり「送り込み」戦略は、資本の攻撃に対する労働者側の巻き返し対抗戦略であり、資本の包囲戦略に対する労働組合の反包囲戦略である。これによって労働相談から組織化へのリンクが完成するといえる。

(1) 労働相談で着手できる案件すべてに取り組む

そのため、労働相談で着手できる案件すべてに取り組み、一人組合員ないし少人数支部をたくさん作る。たとえば、労働相談センターの相談のうち、「都内からの相談で着手可能性のある案件」の統計をとったところ、二〇〇四年二月は九一件(相談総数四九六件)あり、翌三月は五九件(相談総数五〇九件)あった。

しかし、実際は労働相談で着手できる案件すべてに取り組んでいないし、呼びかけてもいない。それは主に受け皿の問題、つまりそんなに多数の案件を同時に担えるオルグがいないことに主な要因がある。そのことについては後述するが、ここでは「労働相談で着手できる案件すべて」に取り組むべきとの方向性を確認しておきたい。

案件解決のためには、第一に、まず電話、メールでの相談者に対し事務所に来るよう呼びかけること、面談でじっくり話し合うことは非常に大事である。第二に、団結権、団体交渉権、団体行動権のある労働組合加入によって解決をめざすこと、第三に、相談者自身が先頭で闘うとともに、相互支援などその他の組合活動に参加するよう導くことが必要である。

(2) 個人争議の勝利をかちとる

労働債権の確保を中心とする個人争議では必ず当人が納得できる勝利をかちとらなければならない。敗北したら労働組合と個々の労働者の間の信頼関係は確立できない。

従来は個別労使紛争の交渉・行動によって労働債権獲得で組合と組合員の関係は終わっていたが、これからは個人労働紛争から集団的労使関係へ発展させる方向で取り組む必要があり、そこから新しい関係がはじまるのである。

そのため解決を急がない。たとえば、会社の謝罪、本人の獲得と同じ条件を他の在職労働者へ波及させることや、闘争結果の周知、高額の解決金など解決基準を当初から高く設定し、本人の要求を最大限かちとることをめざし、闘争当初から労働委員会、裁判などと東部労組一日総行動などの大衆闘争、組合他支部からの支援要請活動などを結合させ、長期闘争をたたかい、解決後の活動体制を準備しつつ、勝利をかちとる。

(3) 一定期間を確保して教育訓練を行う

① 相談を受けてから解決するまでには一定の期間が必要である。

東部労組の経験でいえば、相談解決期間は、ケーブルで八ヶ月、土屋君で三ヶ月、東海商船で六ヵ月、いとう屋で一〇ヵ月、JU西村君で九ヵ月、新宿観光で五ヵ月、千代田運送で八ヵ月、鈴木機械で一ヵ月、さゆり森さんで一〇ヵ月であった。これらを平均すると、六・七ヵ月になる。このほぼ半年間で、労働債権確保で結集した労働者を組織化の担い手に変えられるかが勝負である。とうぜん、それには価値観の大転換を伴わなければできないことである。

② 労働相談支部に加入する。

新入組合員はその受け皿である労働相談支部に自動的に加入し、その支部会議で労働組合についての基礎知識、組織化・職場闘争・「送り込み」戦略の意義、東部労組の活動参加など組織生活の訓練を行う。

③ 労働学校に参加する。

労働学校で個別労働紛争の労働者を集団的労使関係の担い手にするための理論と実際の学習を行う。それぞれの労働者は個別労働紛争の闘争及び勝利の経験しか持たないので、集団的労使関係を新しく築く思考、方法については知識と経験がない。そのことを十分理解して、大衆路線・大衆闘争についての学習を繰り返し行うとともに、再就職のあと、職場についての分析と方針を当事者と本部が共同で作り上げ、実行しなければならない。

(4)「送り込み」戦略を準備する

① 東部地域、各区で組織化対象企業を特定する。

目標企業の調査・設定を東部地域各区の詳細住宅地図、ハローワークの求人票、帝国データ資料などで行い、地域の重点企業を選定する。

② 既存支部、組織化対象企業・工場などの「送り込み」事業所の一覧表を作成する。

③　条件がそろえば、長期組織化対象企業への社前ビラ入れ、宣伝を行う。

(5)「送り込み」戦略を実行する

①　「送り込み」戦略を担う主体は、(イ)個人争議で解決をかちとった組合員、(ロ)各支部の退職組合員、(ハ)労働相談ボランティア、(ニ)学生などである。

②　組織化対象企業を特定し、「送り込み」計画を確立する。

「送り込み」は、(ア)新しい目標企業、(イ)他の組合員がすでに就職している職場、(ウ)既存の東部労組支部(とくに少数派支部)の職場が対象になる。とくに既存支部職場への「送り込み」は、相談・組織化活動と職場・支部活動を直接結合するものとなり、何回か繰り返せば、職場の活性化を生み出し、多数派支部へ転化する契機になる可能性がある。

③　労働相談支部組合員の再就職の相談に組織的にとりくむ。

新たな組織化を視野に解決済み組合員の再就職先の世話を積極的に行う。再就職を個人の作業にせず、組合活動として取り組む。さらに会社倒産や組合解散の場合でも、再就職への援助をし、最後まで面倒をみるようにする。そのため、「再就職相談会」を適宜設置し、再就職を組合活動と考えていない組合員を説得・教育して、「再就職相談会」で討議して、再就職希望組合員の相談に早めに対処するようにする。一方、「これからも組合活動をやりたい」と決意した退職組合員に合った新しい職場を見つけるための「案内」(写真、企業概要、そこにいる組合員の紹介など)を用意する。

④ 再就職の際の基準は、賃金が高いとか、労基法を守っているとか、職場が明るいとか、福祉施設が整っているとか、通常の基準ではなく、それとまったく正反対の、賃金は低い、サービス残業が横行し、有給休暇が取れない、労基法は守らない、長時間労働で、暗い職場、労働者がすぐ辞めるというような、いわば我々にとって「魅力的な」会社をできるだけ選ぶようにする。私たち自身の発想の転換がまず必要である。

⑤ 支部組合員と相談して、できるだけ東部地域に住居を移してもらう。

⑥ 労働相談支部組合員を順次組織化対象企業に送り込む。その場合、それぞれの組合員の独自判断に任せるのではなく、当人と本部がよく協議し、何人かまとめて入る、ないしはすでに組合員のいる職場に入るようにする。

⑦　数名で非公然支部を結成する。

⑧　支部会議で職場状況と労使の力関係の分析を進め、組合へのオルグを行う。

⑨　新旧組合員によって、支部組合を結成し、集団的労使関係の確立をはかり、安定的な継続支部確立をめざす。

第二部

労働組合結成マニュアル

はじめに

未組織労働者の組織化、労働組合づくりは合同労組の主要な活動である。しかし、労働組合づくりは自然にできるものでもなく、組織の受け皿があればできるものでもない。

労働組合づくりのためには、未組織職場に組合を作ることを決意した労働者を助け、組合づくりを成功に導き、その後強い労働組合を職場に根づかせることを援助できる本部活動家・オルグが必要である。それも大量の活動家、組織化オルグがいなければ、強大な労働組合を建設するといっても夢物語にすぎない。経験を積んだ大量の活動家、組織化オルグを作り上げることが当面する組織化の実践課題であろう。それなしには「未組織労働者の組織化」は空念仏に終わる。

ジャパンユニオン、東京東部労働組合と協力する労働相談センターに寄せられた今年前半の労働相談は昨年の月平均二七〇件をはるかに超えて、毎月四三〇件を超えている。それは労使の矛盾が深刻さを増し、広がりを強めていることの反映にほかならない。小泉内閣の「痛みを伴う構造改革路線」が失業率の上昇、中小零細企業の倒産などによってますます労働者に犠牲を押しつけることは間違いなく、労働相談はさらに増加するであろう。しかし労働債権型相談に対して責任ある対応を従来通り行いつつも、重点をしっかり恒常的組合づくりに設定し、それに対応できる活動家、組織化オルグの育成に主要な力を注がなければならない。

そのための一助としてこの第二部は編集された。

会社・職場でトラブルに見まわれ、何とかしたいと考えた労働者がインターネットの労働相談センターやジャパンユニオン、東京東部労組のホームページ、または電話帳のタウンページをみて、あるいは何年か前のビラを持って、組合にやってくる。

相談者は怒りいっぱい、だが同時に不安いっぱいである。

相談を受けてくれる組合のスタッフは自分の怒りを理解してくれるのか。きちんと対応してもらえるか。つっけんどんに、けんもほろろに扱われるのでないか。相談に乗ってくれる人は信用・信頼できるのか。不安は雲のようにわいたまま事務所の扉をたたくのである。

したがって当方の対応は、①当事者の怒りと要求と闘いの正当性をきちんと理解し、はっきり評価・支持・激励を相手に伝えること。②組合結成は相談した通りやれば必ず成功すること、の二点について相談者が確信を持つようにしなければならない。

面接の第一回目が勝負の分かれ目である。最初の面会で相手の信頼をかちとらないといけない。二回目でちゃんと説明しようと思っても、そういう場合は二回目のチャンスはない。

第一章　組合結成の進め方

一、組合説明会

多くの相談の中で組合結成につながりそうなケースについては東部労組事務所に来て面談するよう促す。遠方の場合はこちらから出向くこともある。相談者との面談が実現した場合は、相談者のかかえる問題と要求をよく聞き理解した上で、その問題の分析と要求の実現可能性について、大衆闘争の面と法的な面の双方から話す。そしてその問題を解決するためには労働組合（東部労組の支部）を結成する必要があることを提案する。その時点での相談者は個人であることが多いので、その場合は、組合づくりの効力、方法など後述の「第二章　組合説明会での説明内容」の概略だけを話し、近日中に会社のその他のひとを集めての組合説明会の開催を提案する。集められるできるだけ多くの仲間を集めてもらう。組合加入を決めている人だけでなく、説明を聞いてから決めてよいことを伝えておく。

その後、日時を改めて組合説明会を行い詳しく説明する。その場合の説明と協議の重点は「要求」の確認と実現への段取りである。要求の正当性と実現性の保証として、労基法、労組法を結びつけることは説得力がある。

この組合説明会をできるだけ、しかし無理をせず支部結成大会ないしは支部結成準備会に誘導すべきである。少なくとも支部結成準備会を組織するようにすれば、参加者のやる気を継続させ、方向性を示すのに有利である。支部結成準備会を作る理由としては、今後支部結成までの間に会社に組合結成の動きがばれた場合でも準備会を作っておけば、会社の不当労働行為などに対して通常の労働組合と同じく権利主張ができることを説明するようにする。その場で組合加入申込書に各人に記入してもらい、それをもって準備会の結成とする。

つまり組合説明会での獲得目標は、当人たちが組合結成の必要性と実現性に確信を持てるようにすることである。

二、支部結成大会

支部結成大会への本部と他支部からの出席人数は考慮して決めた方がよい。多ければ励ましになると思うのは本部側の考え方であって、新支部を結成する当事者たちにとっては無言の圧力、恐怖の対象と受けとめられるケースが多い。そのため自由に意見が言いづらくなり、組合を無理矢理結成させられた気分になる。過去にそれで失敗した苦い経験がある。したがって本部側出席者は新支部組合員より多くしない方がよい、というよりできるだけ少なくするようにした方がよい。そして新支部組合員が不安も含めて自由に発言し、すべてを自分たちで決める雰囲気を作ることが肝心である。

最初に東部労組の組合案内パンフレット「東部労組に入って生活と権利を守ろう！」を参照しながら、説明会の必要事項のおさらいをする。

支部結成に必要なことの第一は、支部規約の決定である。パンフ記載のモデル支部規約に当該支部の支部名称、住所、会社名、規約決定期日を記入すればできあがりである。支部の住所は特別の事情がない限り、会社の所在地にしてかまわない。それらを出席組合員の拍手で決定する。

第二は、支部役員の選出である。委員長、書記長以外は支部構成人数によって柔軟に改変してよい。ただできるだけ多くの組合員を役職者にした方が以後の組合運営は比較的うまくいくようだ。

第三に、要求の決定である。これは時間をかけてみんなでよく協議して決めるようにする。労基法違反があれば改正要求として必ず入れる。これは申し入れ行動で必ずとれるので、組合結成の意義を強め、組合員を元気づけるので重視する。各支部共通の事項である協議約款（「今後、労働条件の変更については労使協議して決定する」など）、憲法など法の順守、組合事務所・掲示板など権利関係の要求は必ず入れるようにする。今までの不満が多いからといって要求を何十項目とだらだら列挙しないようにする。たくさんでた場合は第一次要求ということにして一〇項目前後にまとめる。その他は第二次以降の要求として取っておく。

第四に、組合結成通知の確認を行う。パンフ記載のモデル文書に当該支部三役氏名を入れたものを委員長が読み上げて確認する。

第五に、組合結成申し入れ行動の日程（社長が在社の時）と進行・段取り、任務分担を決定する。その他注意事項の必要な再確認を行う。

最後に、「団結がんばろう」の唱和でしめる。「団結がんばろう」については、支部組合員は見たこともなければやったこともないことなので、まず本部側で見本を示して説明し、支部委員長の音頭で行う。今後支部の集まりの度に人を変えて行い、気合いを入れることを習慣化する。

三、組合結成申し入れ行動

組合結成の申し入れ行動の方法は、事前に会社に通告せず、アポイントもとらないで、突然押しかけるやり方と事前に通告し、日時を決めてから行なうやり方がある。それぞれに長短があるので、支部組合員と状況分析をしっかりやって、どちらかに決めておく。

予定時刻に支部の全組合員および東部労組本部責任者（正、副責任者二人くらいがよいが、最終決定権は一人にすること）とその他で会社に行き、社長と面談する。これ以降本部がこの申し入れ行動を主宰し、すべてを仕切ることが必要である。いつはじめ、いつ終わるのか、途中どういう風に進めるのか、の申し入れ行動全般にわたって指導するとともに、責任を持つ。本部責任者は、当事者である労使双方に対して、主導権を取るようにしなければならない。

まず本部責任者が社長に名刺を出して自己紹介するとともに、東部労組についての東京都労働委員会発行の「組合資格証明書」を見せる。これは東京都が認めた労働組合だということで私たちが思う以上の効果と安心感を会社に与えるので必ず入れた方がよい。

そのあと、本部責任者が当会社で東部労組の支部として労働組合を結成したことを社長に告げ、これから支部委員長が結成通知を読み上げるのでよく聞いてもらいたいと発言し、委員長が結成通知を元気よく、大きな声で読み上げる。終わったら全員で強く拍手する。ついで書記長が要求書を読み上げるが、これは一項目ごとに拍手して確認する。支部組合員は「そうだ」とかヤジ非難の声を積極的に出すようにする。

ついでいよいよ要求書の一項目ごとの協議にはいる。

最初に本部責任者は社長に対し、合意できた事項については文書確認すること、もしこの場で合意できずに検討したいと社長が判断する事項があればそのように扱うこと、決して無理矢理合意を強要しないことを通告しておく。

要求書の一項目ずつを本部責任者が取り上げ、それについて支部役員が説明し、社長が答える。支部組合員にとっては長年我慢してきたことである上に、社長が何とかごまかそうとするので、どうしても怒鳴りあう傾向が強くなる。それはそれでかまわない。というより本部責任者がいなくなった後の労使関係を考慮して、また会社と支部の対決を本部が調整する形にするためにも、さらには社長の支部懐柔策を阻止するためにも一定程度の怒鳴り合いはむしろ必要なことである。気合いを入れてヤジ非難の声を出し、今までやったことのない怒鳴り合いをすることで、新しい労使の力関係を築くことができるのである。要求書の協議で留意すべきことは、「今後労働条件の変更については労使双方で協議して決定する」とのいわゆる協議約款と組合事務所・掲示板など権利問題についてはこの申し入れ団体交渉で獲得するようにする。その後に取ろうとしても労使関係がいったん固定してしまうとなかなか難しい。

協定書締結にあたっては社長は当然サインを躊躇する。その時にはすかさず本部責任者は社長に対し「組合結成時にはしばしば無用のトラブルが発生しやすい。些細なことで激突する。これは組合結成という労使関係の一時的不安定によるものである。しかし組合としても無用なトラブルは極力さけたい。トラブルを回避する有力な手段は目に見える文書による協定書である。今日の時点ではこれらの項目については労使合意ができたというものがあれば、十分でなくとも組合員は安心して今後一歩一歩交渉でやっていこうとなる」と説得する。

このようにしてすべての項目について合意のとれたことはその場で本部責任者が手書きで労使協定書を作成し、労使双方代表者の署名捺印をとる。作成年月日は必ず記入する。印鑑がないとかの問題が出たら、会社が持ち帰って後で判子をついて渡すなどということには絶対にせず、その場で印なしでかまわないから協定書の締結を優先させる。後で判を押して持参するとなって、会社が持ってくることは滅多にないことを肝に銘じておこう。印鑑がなくても、労働協約の役割は十全とはいえなくても十分果たすことができる。そしてこの労働協約がその後の労使関係の基本的枠組みを作る上で持つ力は大きいものがある。

また本部責任者は、組合というのは労働条件の向上を目的とするもので、会社をつぶすことが目的でないこと、会社が組合に対して誠実に対応すれば組合も誠実に対応すること、組合は労使関係の安定を望んでおり労使関係の混乱、労働争議は望んでいないことを社長に対して何度も繰り返し強調する。このことは会社と社長に対して牽制になると同時に、東部労組についての会社のデマ宣伝をはねかえすだけでなく、組合員教育にとっても強力な意味を持つ。

申し入れ団体交渉が紛糾した場合、社長にこの修羅場を納められるのは本部責任者以外ありえないことを理解させ、頼らせるようにする。また社長が途中で逃げようとしたら(思うほどにはあまり例はない)、今より以上の混乱を呼ぶことを通告し、押しとどめる。社長も今後の諸事情を考えればなかなか無条件に逃亡できないものである。

社長は「組合ができたら会社はつぶれる」、または「組合ができたから会社をつぶす」と言って、組合員に揺さぶりと脅しをかけ、様子を見る。そこで組合員が動揺し、効果があると見たら、さらに追い打ちをかけ、組合を弱体化ないしつぶすことに全力を挙げる。だから逆にそのような社長の発言があったら、すかさず「待ってました」で、「会社は社長だけのものでない。労働者はここで働いてここの給料で家族を含め生活している。社長の会社私物化を許さない。脅しによる組合つぶしを許さない」と反撃の契機にして粉砕する。

社長が「警察を呼ぶ」と言ったときは、「どうぞ呼んでくれ」と対応する。決して「警察を呼ぶのをやめてくれ」などとは言わない。「警察にどちらが正しいか聞いてもらう」との積極的な態度を社長に示す。実際に警察が来た場合は不当な民事介入は許さない。警察が「労使でよく話し合ってくれ」との姿勢を示すようにする。

これらのことを事前に、支部結成大会またはその他の会議で十分意思統一しておくことが必要である。

組合結成申し入れ行動の実際のやりとりは一九九九年二月の弥生運送支部の実例がドキュメント・ビデオ「組合づくり——リストラへの回答」になっているので、ぜひ参考に見ていただきたい。

第二章

組合説明会での説明内容

東部労組本部の組織化オルグ（支部担当者）は組合説明会において、おおよそ次の内容を自分の言葉で、出席者に話す。熱意を持って話すことは必要だが、自分だけ熱くなって空回りしないよう気をつける。アジテーション的でなく、静かに説得調の方が効果があるようだ。話は冗漫にならないようにして、長くても一時間以内に切り上げる。話の終わった後の質疑応答が大事なので、なんでも話せる雰囲気づくりに心がける。後で聞くと本部側が思ってもみない問題で悩んでいる場合が往々にして見受けられるので、そこに十分時間をとることは非常に大事である。

一、組合のない労働者の境遇と労働組合

労働組合のない労働者（つまり、あなた方）が職場で不満を持ったとき選択できる道は、①社長と喧嘩して辞める（または黙ったまま辞める）、②我慢して泣き寝入りで働き続ける、の二つしかない。

当事者も漠然とは感じているそのような無権利状態をはっきり示す必要がある。問題が顕在化していない普段の会社生活では、自らの無権利を自覚するよりも、それなりに会社での地位と権限があたかもあるかのように、多くの労働者は錯覚しているものである。しかしいったん問題が発生した場合、労働組合のない労働者の企業内での境遇がいかに不安定で、無権利で、みじめであるか、本当に、辞めるか、泣き寝入りしか選択肢がないことを自覚させる必要がある。そのことによって、相談者が強いカルチャーショックを受けることが望ましい。

そこでその無権利状態を変える唯一の有力な武器が労働組合であることを提示する。労働組合を結成することによってはじめて、会社も辞めないし、また泣き寝入りもしないで、

要求をかちとり、無権利状態を克服し、労働条件の向上・安定した労働生活を獲得し、労働者としての尊厳を確立できることを力強く示す。

私たちは、勇気を持って労働組合結成の道を歩むよう立ち上がれ！　と相談者に呼びかける必要がある。

二、労働組合とはなにか

1　要求（労働条件の向上、組合権利の獲得）を労働者の団結でかちとることが労働組合の目的である。東部労組規約では、第三条（目的）で「この労働組合は組合員の団結により、労働者の生活と権利を守ること及びその社会的地位の向上を期す」となっている。零細企業ではとくに残業代未払、有給休暇不支給などが必ずと言っていいほどあるので、実状をよく聞き、必ず要求に入れて是正させるようにする。

2　個人や親睦会と違い、労働組合は法律で保護されている。日本国憲法（第二八条「勤労者の団結する権利及び団体交渉その他の団体行動をする権利は、これを保障する」）や労働組合法である。たとえば労働組合が会社に話し合い（団体交渉）を申し込んだら会社は正当な理由なく拒否できない。会社が拒否したら労働組合法で不当労働行為として罰せられる。

3　労働組合には思想、信条の自由がある。労働組合は要求で団結する。組合員の宗教・政党を問わない。

4　組合結成は会社をつぶすことや労使紛争が目的でない。正常な労使関係の確立で労働条件の向上をはかることが目的である。むしろ会社の方が組合をつぶすために労使紛争を起こし、その結果経営を危なくする危険がある。会社が経営危機を招く策動を行う場合は組合がそれを阻止する。

5　つまり会社の組合つぶしをはねかえし、労働組合の結成、維持、強化をかちとることが要求貫徹と労働者の職場での地位を確立するための保障である。したがって、いったん労働組合を結成したあとは労働組合としての組合員の団結権の強化、職場拠点の確保に全精力を傾けなければならない。

三、労働者、労働組合を守る法律

日本国憲法では第二八条において、団結権（労働組合を結成運営する権利）、団体交渉権（会社と交渉を行う権利）、団体行動権（ストライキなどを行う権利）をいわゆる労働三権として明記している。これは単に労働三権を労働者の必要に応じて行使してもよいものとして認めているだけではなく、もっと積極的に「労使対等」（労働組合法第一条〈目的〉、労働基準法第二条〈労働条件の決定〉）をかちとるうえで不可欠のものとして、つまり労働三権がなければ労使対等はありえないものとして提起していると理解されなければならない。労働組合を作り、団体交渉を行い、ストライキを構え実行することが唯一労働者が会社経営者と対等に渡りあえる方法であり、条件である。憲法と労働組合法は「労働組合を作りなさい、団体交渉をやりなさい、また必要に応じてストライキをやりなさい」と奨励していると理解するのが正解である。

日本国憲法第二八条の具体化である労働組合法の中では、第七条（不当労働行為）が大事である。使用者（会社経営者から経営者の指示を受けた一般従業員もふくむ）が労働者、労働組合に対して法律違反になるのでやってはならない不当労働行為とは、主に①組合員であることを理由に、解雇、減給、賃金その他組合差別、会社解散など組合員に対して「不利益な取り扱い」をすること、②団体交渉を拒否すること、③組合結成の妨害の言動、脱退の勧奨、組合調査、報復、威嚇、強制、利益誘導の言論など労働組合に対する「支配介入」することである。

組合結成、申し入れ行動の後、会社側は必ずといっていいほど組合つぶし攻撃をかけてくる。それに対抗する組合側の法律上の武器が労働組合法第七条（不当労働行為）であり、十分活用すべきである（使い方については後述）。

また労働組合法では、団体交渉やストライキなどの活動に対して刑法第三五条の「正当な業務によってなしたる行為はこれを罰せず」を適用し、組合活動に警察権力が介入できないようにしている（労働組合法第一条刑事免責）。そのため団体交渉での激しい口調やストライキで会社に損害を与えても、脅迫罪や威力業務妨害で警察は介入できない（ただし暴力は許されない）。さらにストライキで会社に莫大な損害が出ても、会社は組合や組合員に損害賠償を請求できない（同第八条民事免責）。

日本国憲法第二七条（勤労の権利義務、勤労条件の基準）に基づいて作られたのが労働基準法である。労働基準法は、「労働条件は労働者が人たるに値する生活を営むための必要を充たすべきもの」、「この法律で定める労働条件の基準は最低のものであるから、この基準を理由にして労働条件を低下させてはならないだけでなく、向上を図らなければならない」（第一条）を労働条件の原則としている。労基法の基準は当事者の意思にかかわらない強行法規であり、すべての事業所に適用される。経営者や従業員が自分の会社は違うといっても通用しないものである。中小零細企業で頻発するのは、労働条件明示義務、週四〇時間、残業割増、年次有給休暇などの問題である。これら労基法違反の是正問題は必ずかちとれるので、組合結成申し入れ行動時の要求の中に入れて、行動を有利に展開するようにする。

四、労働組合の結成は簡単だが、大事なことは労働組合を強くすること

組合規約と役員を決めれば組合結成はできる。あと要求があればよい。どこかに届ける必要はない。

しかし言うまでもなく労働組合は作ることだけが目的ではなくて、組合を持続させて

労働条件を向上させることが目的である。労働組合はいったん結成したからといって、もうそれで完成とはならない。作ってもすぐつぶれたのでは意味がない。労働組合は生きた労働者で構成されているので、結成後強くなるか、弱くなるかのどちらかである。それは主に支部の組合員の努力にかかっている。組合結成がうまくいったからといって油断して放っておくと、組合は必ず弱体化しつぶれる。組合を強くするためには執行部を先頭に組合員全体の意識的な努力が絶対に必要である。

組合を強くするためには、次のことに留意しなければならない。

1 常に団結に努力すること。

そのためには要求とその獲得方法を、みんなで討議・みんなで決定・みんなで行動という組合民主主義の徹底で実行することが大事である。また仲間を裏切らないことをみんなの合い言葉にしよう。

2 闘争すること。

「闘って要求をかちとる」を繰り返すことが大事である。自力自闘を基本に自分たちの問題はまず自分たち支部でたたかう。そして東部労組各支部の援助と地域の支援を受ける。同時に、「受けた支援は運動で返す」をスローガンに他支部と地域の争議支援を行う。労働者は兄弟姉妹であり、常に仲間のことを思い、お互い助け合わないといけない。

3 学習すること。

なぜ勝てたか、なぜ負けたかの総括を闘争の節目ごとに行い、点検すると同時に、理論学習も行う。

五、なぜ東部労組（地域合同労組）の支部になることを勧めるか

労働組合の結成の仕方には大きく分けて二つある。一つは会社内だけで組合を結成するやり方（企業内組合）である。もう一つは東部労組の支部として労働組合を結成するやり方（地域合同労組）である。

東部労組は地域合同労組としての経験を三〇年以上積んできた。組合結成や労働争議で

勝ったこともあれば負けたこともある。その蓄積してきた膨大な経験すべてを現在の新支部の闘いに集中して活用できる。倒産闘争を経験したことのある企業内組合はまれで、ほとんどないといってよい。合同労組は倒産争議を無数に経験せずにはおれない。それが企業内組合に比べた場合の地域合同労組の第一の優位点である。企業内組合は無経験のまますべてゼロから始めなければならず、失敗する可能性は強い。

地域合同労組としての東部労組の第二の優位点は、企業内組合が主に企業内労使の力関係（会社側は警察や経団連の加勢がある）だけで決着をつけなければならないのに対して、地域合同労組は本部と全支部つまり東部労組総体をあげて該当する個別企業と対峙するだけでなく、場合によっては地域共闘、全国団結（全労協、全国一般など）で包囲することができる。通常企業内でみるかぎり力関係は会社側が組合を圧倒している。その闘いの土俵を地域合同労組対会社、地域共闘対会社、全国団結対会社に広げることで、力関係を変えるのである。たとえば会社はどんなにがんばっても東部労組本部や他支部の人間を解雇することはできない。

第三の優位点は、新生支部が一本立ちするまで、東部労組本部と支部担当者が責任を持って指導および援助を行うことである。支部担当者とは、新支部が結成されるとともにその支部の指導と世話役をまかされる本部執行委員かそれに準ずる経験のある組合員のことで、本部執行委員会で選出される。結成直後の新支部は会社側の組合つぶし攻撃が予想され、支部と支部担当者の迅速な対応が勝敗を決するケースが多い。外部からの何の援助もなく未経験の企業内組合だけで会社の組合つぶし攻撃を粉砕することはきわめて困難と言わなければならない。

東部労組と支部の関係について、支部の結成時に本部は支部組合員と二つのことを約束する。第一は、労働組合の将来は労使の力関係ですべてが決定される以上、誰も予測することはできない。しかし支部がどういう事態になっても東部労組本部は最後まで責任を持って対処することを約束する。そして第二には、支部の方針をめぐって、本部は支部に対して指導・助言・説得を行う。それでも支部が本部の方針に納得できない場合がある。その時は本部は支部に方針を無理矢理押しつけない。最後は支部が自分で決めることを約束する。

六、会社の組合つぶし

組合結成を歓迎する会社経営者は少ない。口で大歓迎を表明する経営者は時々いるが、くれぐれもそのまま信用してはいけない。それは組合をつぶす目的で組合を油断させるためにいっていることを自覚すべきである。ワンマン社長(中小零細企業はほぼそうである)にとって、組合ができる以前の、つまり労働者が無権利の状態で、社長が言いたいことをいい、やりたいことをやれた時の方がよかったのは当たり前である。だから社長は必死でその状態に戻そうとの努力を怠らない。チャンスを見つけ、組合の隙をついて、会社はかならず労働組合をつぶそうとする方が普通なのである。

したがって、組合側は常に油断を戒め、会社側の組合つぶし攻撃にいつでも対抗できる精神的、物質的準備を怠らず、実際組合つぶしがきたら即座に粉砕しなければならない。

会社の組合つぶしは、労働組合が結成直後の段階か、またはある程度の経験を積み力を持った段階かで違う手法を使う。

結成直後の組合に対しては、支部組合員に対する直接の脅迫と懐柔（アメとムチ）による不当労働行為の連発と東部労組本部への根拠のないデマを流すことで本部に対する支部の不信感を醸成し、両者の分断を図ることが主な手法となるケースが多い。そして会社はその後の推移を見ながら効果をあげるところを攻めてくる。

どちらにしても、会社の攻撃に対しては「水際でたたく」ことが何よりも必要である。攻撃は小さなものから始まることが多いので、些細なことだと放置せず、必ず攻撃を受けた組合員がその場で反撃するか、ないしは執行部に報告してみんなで反撃するようにする。よく個人的なことだからと自分だけで判断して、反撃も報告もせず放置するケースがあるが、これが一番よくない。

会社は様子をみながら反撃のないところにはどんどん攻め込んでくる。組合員が会社経営者（または経営者の指示を受けた一般従業員）から、どんな些細なことでも、気にくわないことを言われたりやられたりしたら、会社側に「不当労働行為だ（この言葉を思い出さなければ「法律違反だ」でよい）」と抗議する。不当労働行為に該当しずらいこともあるが、それほど気にしなくてよい。必要であれば後で訂正すればよい（必要なら事後処理の責任は本部でもつ）。肝心なことは小さなことでも大騒ぎをして、水際で会社の攻撃を粉砕することである。

不当労働行為の実行当事者は社長、取締役、管理職に限らない。一般社員でも会社の意を受けたと判断できることであれば、不当労働行為の実行当事者であり、糾弾の対象になる。遠慮することはないが、みんなでよく相談して職場状況の総合的判断によって決めることが大事だ。

もう一つの東部労組へのデマによる不信感で分断を図るやり方に対しては、事実を示しデマを暴露することによって不信感を除去する。しかし結局一番大事なことは支部組合員自身が何のために組合を作ったのかを考えることだ。当たり前のことだが、東部労組のために組合結成を決意したのではない。または東部労組が命令して組合結成したのでもない。あくまで自分たちの権利と生活を守るため組合結成を決意したのである。

そういう自分たちの組合結成を東部労組が援助してくれるなら、東部労組は自分たちの味方である。デマに対しては過剰に神経質にならず、おおむねそういう認識でよい。

第三章

組合結成後の諸問題

一、組合活動、組合運営

組合（支部）を結成すると、組合員とくに執行部を構成する人たちの日常生活は変わる。組合活動、組合運営という今までになかったことが加わった新しい生活が始まる。執行部同士、また組合員同士で協力しあって組合活動を無理なく遂行できるようそれぞれ新しい生活を築いていこう。

組合活動とは日常的には「会議」を意味する。すべてのことは支部全体会議（多くの支部で月一回開催）、執行委員会（多くの支部で週一回開催）など「会議」を通して、組合員の協議と合意を形成することができ組合員全体の実行に移される。「会議」がなければ組合の意思統一も民主主義も行動も組合のすべてがない。だから「会議は労働組合の命である」というのである。「会議ばかりやっていても行動がなければ意味がない」という非難が生きるのは、会議で十分意見を闘わせて結論が出たにもかかわらず行動に移らない場合であって、会議もやらず意思統一もせず行動だけを強調することではない。

東部労組は合同労組なので、自分の支部だけうまくいっていればよいとはならない。各支部の闘いの勝利は東部労組総力の闘いによってかちとられるものである。

各支部は支部代表者会議、その他東部労組本部企画の諸行動に積極的に参加し、企業の壁を越え、東部労組総体の行動力を鍛えて強化しよう。

また組合費については、本部納入額である総収入の一・五%のほかに、毎月定額で五〇〇円か一〇〇〇円を支部専用組合費として徴収する支部が多い。

二、組合のモラル

職場での信頼はその人の仕事に対する姿勢で決められる面が強い。口でいいことを言って

組合恒例の福利厚生部主催団結旅行「夏旅行 in 秩父」。夜、河原で花火に興じる。（2005年7月）

も、というより言えば言うほど、仕事に対する姿勢でその人は判断される。理由のない遅刻、欠勤、早退は不信感を生む。仕事は陰ひなたなく、しっかりすることが信頼関係の基礎である。

とくに組合結成後、組合の力が強くなった場合、仕事上のモラルのゆるみにならないよう気をつける必要がある。労働組合があれば怠けてもよいという誤った思想は早期に払拭しなければならない。労働組合の組合員は権利を主張するだけでなく、仕事もきちんとやることを示さなければならない。

三、企業内と企業外（社会的）労使関係の違い――社会的労働運動

労使関係を企業内だけにとどめないで、広く社会的労使関係にするよう追求する必要がある。社会的労使関係といった場合二つのことが含まれる。

第一は、闘争主体つまり私たちの側の問題である。

企業内だけの労使関係では社長の独断が通用する。一歩工場の中に入ったらすべて社長の判断が基準で、社長が法律である。会社の中では「（社長の）無理が通れば（従業員の、世間の）道理が引っ込む」社会が構成されている。組合結成後も組合が企業内従業員対社長の関係だけで解決をはかろうとしても、会社側ないし社長の経済力、組織力の方が組合に比べて圧倒的に強いから、組合が社長を圧倒して屈服させることは難しい。

一方、労使関係を個別企業内にとどめず社会的労使関係とした場合、社会常識、社会正義、法律が判断基準となることによって、社長の独断が通用しづらくなる。会社の反社会的行為を全面的に暴露して社会に訴えることが力になる。労働基準監督署、労働委員会、自治体労政機関など行政機関に会社の不当性、不法性を訴え、味方につける。また支部、東部

労組、地域共闘など対社長との関係を作り出し、会社なり社長に対する強力な社会的包囲網を形成する。

つまり労使関係を企業内にとどめず、意識的に社会的労使関係に広げ、社会を味方にして、労使の力関係を変え、会社を孤立させるのである。

第二は、企業自体を社会的な関係性の中でとらえ直し、該当企業の包囲網を敵の側から形成することである。特定の一企業が社会的に単独で成立することはありえない。資本主義の経済的関係性という無数の網の目の中に存在する。いわば縦軸、横軸の関係性を利用して特定の企業を包囲するのである。戦後労働運動が創出した争議の武器である「法人格否認の法理」(別法人であっても実質的に支配関係が立証できるなら、該当する子会社の法人格は否認され、親会社の責任追及ができるという法理)、また「使用者概念の拡大」(特定企業だけでなく親会社、背景資本としての責任追及ができる)を特定企業の問題によく適用する事が必要である。私たちの事例で言うと、たとえば大久保製壜闘争における大正製薬であり、エープライ闘争における道路公団である。したがって普段から個別企業をとりまく事業、業界、関係企業の調査研究は不可欠である。

ちなみに、中小零細企業のワンマン社長はその社長の個人的性格などで生み出されているものでなく、本質は日本の企業体質（資本主義）が生み出すシステムとして把握すべきである。だからどこの中小零細企業でもワンマン社長が多いのは偶然でない。ワンマン社長体制を社長個人の問題でなく社会システムととらえた場合、社会的労使関係の中に企業を位置づけ直す意義が改めていっそう出てくる。

つまり結論としては、支部と会社の関係を個別企業内の労使関係の中だけにとどめないで、一面では東部労組全体、地域、全国の労働組合・労働者と個別企業の関係、他面では親会社、背景資本、取引先企業と個別企業の関係の中に位置づけなおし、該当個別企業に対する社会的包囲網を形成することを通じて、力関係を組合側に有利にすることが必要である。

補章

東京東部労働組合弥生運送支部が誕生するまで

はじめに

一九九九年八月、全国労働組合連絡協議会（全労協）が企画し、ビデオプレスが制作したドキュメンタリー・ビデオ「組合づくり――リストラへの回答」が完成した。その主な素材となったのは同年二月一〇日、東京東部労組弥生運送支部の組合結成申し入れ行動・団体交渉を組合員が写したビデオ記録であった。

以下は、ビデオ制作に並行して記録された、〟労働組合誕生〟のものがたりである。前章までの〝組合結成マニュアル〟の実践編ともいえる。

一、弥生運送での組合結成と申し入れ行動、大谷解雇撤回までの経緯

弥生運送株式会社は東京都江東区辰巳にある一般貨物運送の会社で、従業員は東京本社四〇人、千葉営業所三〇人の合計約七〇人である。

弥生運送東京本社で働く労働者は会社の度重なる賃下げなど労働条件引き下げ攻撃に対し、このまま放置すると生活が破壊されると危惧して、一九九八年後半から社員親睦会の「宴輪会」に結集して、質問状提出など反抗を試みた。しかし期待したほどの成果を得ることができなかった。

一九九九年があけて早々、宴輪会代表数名は亀戸労働基準監督署と東京都亀戸労政事務所を訪問し相談した。両機関からそれぞれ組合結成を勧められたが、経験不足から乗り気になれなかった。宴輪会では「連判状」をとるなど体制を強化したが、一月二八日になると逆に会社は宴輪会代表の大谷さんの解雇を通告するという先制攻撃をかけてきた。解雇通告書には一月三〇日付の整理指名解雇で、解雇予告手当は支給するとなっていた。

大谷さんは一月二九日、週刊誌で見た東京管理職ユニオンに相談に行き、その紹介でそ

こからその足で東京東部労働組合を訪ねた。石川副委員長と面談し、組合を結成して解雇を撤回する方針と会社に漏れない仲間をできるだけ早く集めるよう指示された。

二月二日、組合説明会を従業員一九名で開き、石川副委員長から、労働組合についての説明とみんなが団結し労働組合を結成して闘えば解雇撤回は必ずかちとれるとの説明を受け、その場で東部労組弥生運送支部を結成した。その後二月八日に、石川副委員長が申し入れ行動にあたっての心得と段取りを詳しく説明し、全員の意志統一を図った。

二月一〇日に組合結成申し入れ行動を行った。時間は午後六時二〇分から八時まで一時間四〇分。場所は会社の三階事務所。参加者は会社側から勝倉代表取締役社長、組合側から東部労組石川源嗣副委員長、弥生運送支部三役など最終的に二一名であった。団体交渉の結果、協議約款、組合事務所・掲示板貸与など二項目の協定書を締結した。

その後二月一八日、会社は大谷解雇撤回を組合に口頭で通知、二〇日に「会社の非を認める、二度とやらない、バックペイは支払う」ことを内容として大谷解雇の撤回を文書で確認した。その後二月二四日の団交で七項目協定書を締結し、ここに当初要求のすべてをかちとることができた。

二、申し入れ行動についての事前の意志統一

申し入れ行動の意義・やり方、予想される会社の出方、それに対する組合の対応、その他注意事項について事前に十分な意思統一をしておくことが、申し入れ行動を成功させるために必要である。

組合本部としての提起は、申し入れ行動にあたっての一般的提起にとどまらず、当該支部・企業についての事前のできうる限りの調査研究に基づいた特殊個別の具体的な分析と方針の提起がなされることが望まれる。

二月八日までの支部会議において、石川副委員長は前述の第二部第一章「組合結成の進め方」の「三、組合結成申し入れ行動」に基づいて、申し入れ行動の一般的意義・方法を説明するとともに、弥生運送の現状に沿った問題点と認識、対処の仕方についておおむね次のように提起し、支部組合員の事前の意思統一をはかった。

1 当面の最大の課題は大谷解雇撤回である。大谷の解雇撤回はかならずかちとれる。なぜなら、次の条件がそろっているからである。

① 被解雇者本人の大谷が不当解雇に強い怒りと解雇撤回への比較的強い意志を持っている。当人が闘う意志を持っていることが闘争勝利の基本条件である。

② 大谷解雇を自分の問題として受け止め、解雇撤回までたたかう労働組合（支部）と組合員の団結（できたばかりとはいえ）があった。

③ 支部の闘いを勝利させる保障としての地域合同労組（東部労組）が存在すること。他支部の運命は我が支部の運命である。強固な後ろ盾である東部労組と全支部の総力で一支部の闘いを勝利させる。これは企業内組合にない、地域合同労組の持つ強力な優位点である。

④ 大谷は無遅刻無欠勤、仕事をきちんとやる点では会社、従業員、取引先で異論はなく、すべての人がほめている。解雇の理由は唯一宴輪会の代表で、会社にたてついたからだ、と言うことはみんな知っていた。

⑤ 会社の大谷解雇攻撃は準備してされたものでなく、文句を言う人間は辞めさせるという今までと同じ安易なやり口であった。労働者の反撃を予想したものでなく、会社

の攻撃はいたってずさんであった。それはそれまでのねらい打ち解雇が労働者からの大きな反撃もなく結局は本人の泣き寝入りですべて問題が終結した経験による。会社の準備の不十分さは組合側にとって有利である。

⑥ 社長による完全なワンマン会社のため、会社のすべての決定権が社長に集中している。大谷解雇は経営陣、管理職の協議で決まったことでなく、社長の一存で決まった可能性が強い。ということは、解雇撤回も社長の一存で決定できる。

⑦ 東京都地方労働委員会（宴輪会を組合結成準備会ないし労働組合に準ずる組織として不当労働行為を構成）でも、地位保全仮処分裁判でもほぼ勝てる。

⑧ 長期化した場合でも、大谷の親睦会会長による解雇や勤務態度の良好さなど解雇の理由の明快な点や支援同情を取りやすい点など取引先など社会的包囲もやりやすい。

2 大谷解雇撤回闘争はわが方の正義性と会社側の不当性、さらにその解雇撤回の実現可能性によって、組合員の団結強化の強力な要素として作用する。しかし同時に、組合員の団結強化の強力な要素となる不当解雇抗議の意思はそれが達成された途端に、その要素の分だけ団結力が減少することを見通しておかなければならない。だから解雇撤回は意図的に遅らせることはしないが、あえてあせって急ぐ必要はない。

3 最初の交渉においては大谷解雇撤回だけに固執しない。解雇撤回問題に固執するあまり、他の問題について協議できず、ないしは労使双方の主張が平行線をたどり、その結果、結局何の成果もかちとれず、敗北感だけが残るという最悪の事態だけは避ける。近い将来に解雇撤回は必ず勝ち取れるのだから、どうしても今日中に解雇撤回の確約をとらなくてもよい。社長が拒否したら他の問題に討議を移してかまわない。むしろそうやってほかの件で協定をとれればその力で事後必ず解雇撤回は勝ち取れるので、ずるずる解雇問題だけで終始しないことが大事といえる。外堀を埋めてから解雇撤回をやる方が確実にやれる。

4 社長は「組合ができたら会社はつぶれる」、または「組合ができたから会社をつぶす」と言って、組合員に揺さぶりと脅しをかけ、様子を見る。そこで組合員が動揺し、効果があると見たら、さらに追い打ちをかけ、組合を弱体化ないしつぶすことに全力を挙げる。だから逆にそのような社長の発言があったら、すかさず「待ってました」で、「会社は社長だけのものでない。労働者はここで働いてここの給料で家族を含め生活している。社長の会社私物化を許さない。脅しによる組合つぶしを許さない」と反撃の契機にして粉砕する。

5 社長が「警察を呼ぶ」と言ったときは、「どうぞ呼んでくれ」と対応する。決して「警察を呼ぶのをやめてくれ」などとは言わない。「警察にどちらが正しいか聞いてもらう」との積極的な態度を社長に示す。実際に警察が来た場合は不当介入は許さない。警察が「労使でよく話し合ってくれ」との姿勢を示すようにする。

6 こういう申し入れなどの行動は往々にして不測の事態が起こる可能性が強く、しばしば臨機応変の対応を迫られることを事前に認識し、周知しておく必要がある。一つの判断が窮地を救うこともあれば、逆に一つの判断がそれまでの有利な状況を一変させて窮地に追い込まれることもある。だから場合によって、要求を先延ばしせざるを得ないこともあるが、「協議約款」と組合権利関係の協定はできるだけ文書で必ずとるようにしたい。全部でなく、何項目でも文書確認ができれば緒戦の勝利である。それは会社の組合承認を示すものであり、協議約款の締結はあとあとまで強力に有利に作用する。

7 組合要求についての交渉の最初に、組合側から、これからの協議によって労使の合意点を確認したいが決して強制はしないこと、あくまで社長の自主的判断によって決めてもらってよいこと、検討したい事項は次回交渉に回答してもらって結構であることを通告しておく。交渉後会社側は組合に強制されて協定した、と言い出すケースが多い。そのときのためにテープで録音しておくことが必要である。同時に要求事項のすべてを協定しない方がむしろよいかもしれない。重要な要求事項を継続協議事項にしたではないか、と事後に主張できることは組合側にとって有利である。

三、今回申し入れ行動の特徴

申し入れ行動自体はビデオ「組合づくり」で主な流れは示されているが、今回の申し入れ行動の特徴として次の諸点があげられる。

1 こんなにねばって協定書にサインをしない社長ははじめてであった。(その理由はすでに組合結成が事前にばれていて絶対にサインしてはならないとの指導助言があったことが後で判明した)

2 「協定書にサインをしろ」「しない」で、けっこう長い時間労使の押し問答の膠着状態が続いた。

3 本部側(石川)の認識としては、第一に、サインをしない、持ち帰って検討したいという社長の出現に正直とまどった(今までサインを渋る経営者は大勢いたが、ここまで強硬に拒否し続けたのは例がない)。第二に、この打開策は、支部組合員の怒りと団結力に依拠し、正面突破して協定をかちとるほかないということであった。

4 支部組合員が次々仕事から帰ってきて団交場所にどんどん増えてくること、社長が「サインしない」と言ったとき期せずして全組合員が一歩前に出て社長の包囲が強くなったこと、「サインするまで帰らない」との組合員の必死の決意と迫力が社長を追いつめたこと、東部労組と地域共闘一〇〇〇人で会社を包囲するぞと通告したこと、「会社をつぶす」「警察を呼ぶ」などの脅しがきかなかったこと等々が、社長の「サインしない」とのかたくなな態度をついには変えさせたと思われる。

5 社長の「解雇は大谷でなく誰でもよかった」に対し、組合は「それだと明日誰が解雇になってもおかしくないではないか」で応じて、その後の「それだけ（すぐには解雇しないということ）は保証していいですよ」との社長発言を引き出した。社長としては追いつめられて退路を開くための組合側に送ってきた精一杯のシグナルであったとも言える。それを「今後、労働条件の変更については労使で協議して決定する」という協議約款の必要性の合意に結びつけ、一挙に協定書締結で申し入れ行動の勝利をかちとることができた。追いつめられた社長の発言の変化を通して組合側が状況の転機をつかんで勝利に導いたといえる。

四、組合結成はすでに社長にバレていた

組合結成のことがすでに社長にバレていた。それは次の理由による。

① 組合側が申し入れで会社事務所の三階に行ったとき、社長は待ちかまえていた。通常、組合結成申し入れ行動では経営者はそれなりにあわてふためくものであるが、今回はいっさいそういうことはなく、社長はただニタニタと薄笑いを浮かべるのみであった。

② 社長のテーブルの上に五日ほど前の日刊ゲンダイが用意されていた。「大失業時代」との見出しの記事がみられるようになっており、話し合いが始まるや社長はすぐに組合員にそれを見せて「組合結成どころじゃないだろう」と叫んだ。予定の行動であったと思われる。これで思想的にまず組合の出端をくじき、意気消沈させるところにねらいがあったと思われる。しかし残念なことに、組合側としてはむしろ「大失業時代だからこそ組合を作ったのだ」の気持ちだったから、社長発言に何の動揺もなかった。意気込んだ割には社長のもくろみは空振りに終わった。

③　社長は合意はしても、がんとしてサインしないのは事前の何らかの指導ないし打ち合わせがあったからと思われる。

④　社長の机の上の電話機をオンにしたまま（赤ランプがつきっぱなし）にして、二階に待機させていた総務部長と社会保険労務士に会話を聞かせていた。今回のシナリオはすべてこの社労士が描いたのかもしれない。終了後、社労士がそそくさと帰っていくのを組合員から目撃されている。

⑤　時期をみて、警察を呼んだ。組合員がひるまなかったのは会社側としては予想外だったのかもしれないが、会社としてはこれも空振りに終わった。

五、総括

一月二八日から二月二四日までのわずか一ヶ月弱での解雇攻撃―労働相談―組合結成―申し入れ行動―解雇撤回とめまぐるしく進展した弥生運送支部の行動について次のように総括する。

1 「解雇攻撃に対して、組合結成によって解雇を撤回させる」という当初の戦略目標を達成し、緒戦の勝利をかちとることができた。

2 なぜ解雇を撤回できたか、なぜ勝利をかちとれたか。勝利の要因は次の諸点にある。

① 弥生運送の多くの労働者が大谷解雇を自らの問題として受け止め、解雇撤回の闘争に身体を張って立ち上がったこと。

② 弥生運送労働者が「労働組合」（東部労組）という勝利の武器（組織）をしっかりつかんだこと。

③ 勝倉社長と断固として真っ正面から闘ったこと。

④ 支部としての団結が強かったこと。

⑤ 戦術方針が比較的正しかったこと。

⑥ 弥生運送支部の解雇撤回闘争を東部労組全支部と地域共闘で攻めることを社長に示したこと。

⑦ 本部の戦術指導が比較的正しかったこと。

3 現状と今後の課題

① わずか一ヶ月弱の経験しかないので、支部の組織的定着まではまだまだ時間がかかることは言うまでもない。今後は一つ一つの闘いを大事にして一つ一つ勝利を積み上げるほかに組織的定着の道はない。

② 労働組合の目的は結局は団結権の確保、職場組織の維持発展につきる。労働条件の向上もそれを通じて唯一かちとることができる。

③ 当面、賃金など労働条件確保の職場闘争、千葉営業所の掲示板の確保・組合員の拡大、本部企画への参加、他支部・他労組支援などが課題となろう。

第三部

ＮＰＯ法人労働相談センターによる労働相談・組織化に関する統計資料

ＮＰＯ法人労働相談センターは創設して一八年になります。センターの生い立ちとその後の経過については、一〇五頁に記してあります。以下はＮＰＯ法人労働相談センター、全国一般東京東部労組、ジャパンユニオンの行った二〇〇五年までの労働相談・組織化の主な統計を集約したものです。

一、相談件数の推移

ＮＰＯ法人労働相談センターへの二〇〇五年一年間の相談（メール、電話、来所、ファックス、手紙など）は五、六四六件、月平均で四七一件となりました。今までで一番多かった二〇〇一年の五、二二〇件を大きく上回り、過去最高の件数となりました。また、そのうち三月、六月、一〇月は相談数が五〇〇件を超えました。

表１　相談件数の推移

年　度	件　数	月平均
1988 年	7 件	0.6 件
1989 年	33 件	2.8 件
1990 年	36 件	3.0 件
1991 年	29 件	2.4 件
1992 年	44 件	3.7 件
1993 年	37 件	3.1 件
1994 年	76 件	6.3 件
1995 年	123 件	10.3 件
1996 年	279 件	23.3 件
1997 年	813 件	67.8 件
1998 年	1446 件	120.5 件
1999 年	1864 件	155.3 件
2000 年	3290 件	274.2 件
2001 年	5220 件	435.0 件
2002 年	4787 件	398.1 件
2003 年	4670 件	389.2 件
2004 年	5189 件	432.4 件
2005 年	5646 件	470.5 件

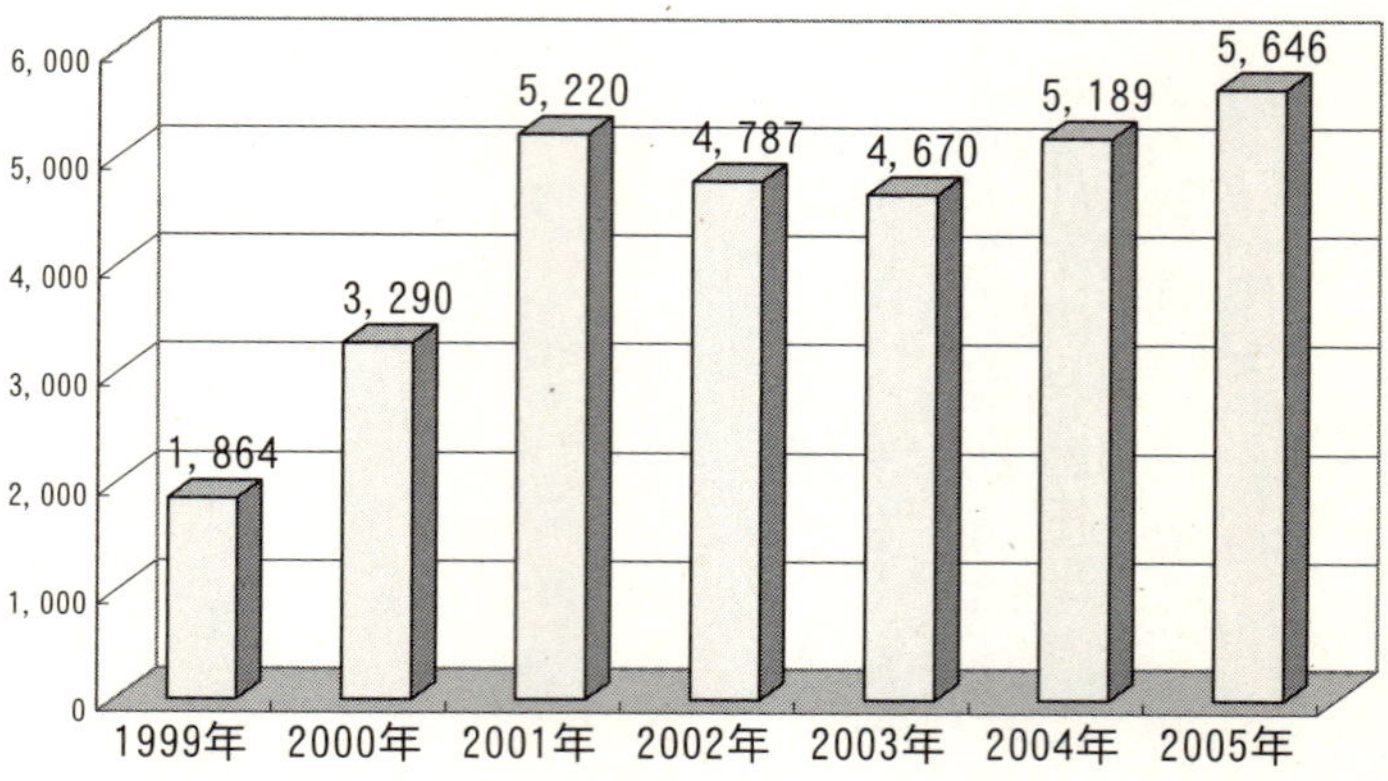

図１　相談件数の推移

二、インターネット・ホームページのアクセス件数の推移

ＮＰＯ法人労働相談センター・ホームページの二〇〇五年一年間のアクセス数は一九万四、七二八件と、前年に続き、過去最高を更新しました。月平均にすると一万六、二二七件となり、アクセス数は依然として右肩上がりの状況です。

インターネットの検索サイトではＮＰＯ法人労働相談センターはずいぶん以前から、トップの座を確保し続けています。たとえば、検索サイトのインフォシークで、「労働相談」を検索すると(二〇〇五年一二月二〇日現在)、一二八、〇〇〇件が出てきますが、そのうち、「ＮＰＯ法人労働相談センター」が第一位で、その後に第二位「神奈川県の労働相談」、第三位厚生労働省「総合労働相談コーナー」、第四位神奈川県「育児休業、介護休業」コーナー、第五位長野県「総合労働相談コーナー」と続きます。私たちのような一民間機関がこのように厚生労働省や地方自治体を制して、労働相談利用者の強い支持と信頼をかちとるというのは珍しいことです。

なぜこうなっているかの主な理由としては、次のことが考えられるのではないでしょうか。①「創業者利得」に属すると思いますが、サイト開設が比較的早かったこと（一九九六年）による好循環、②ほとんど手続きなしですぐに相談に応じられるという敷居の低さ、③開業時間内であれば電話相談には必ず応じてきたこと、④メール相談にはほとんど数日以内で、遅くても一週間以内で必ず回答を返信してきたこと、⑤相談者の立場に立つように努力して誠実に、全力で相談に応えてきたこと、⑥ＮＰＯ法人労働相談センターの最大の特徴ですが、相談者に解決方法を明示すること、それも労働組合による解決こそが唯一の根本的解決であることを強調し、就労場所にある地域と地方の労働組合を紹介すること、⑦それらによって、相談者の信頼を得て、知人に紹介したり、評判になったり、リピーターも増えたりしていること、⑧それらの活動を可能にしている献身的な大勢の労働相談ボランティアの協力があったこと、があげられます。

三、相談ルート

相談ルートとは、相談者が労働相談センターを何を通じて知り、相談の問い合わせをし

表２　ホームページのアクセス件数の推移

年　度	件　数	月平均
1996年(9月～)	1100件	275件
1997年	9922件	827件
1998年	17350件	1446件
1999年	20472件	1706件
2000年	47594件	3966件
2001年	97545件	8129件
2002年	107016件	8918件
2003年	162511件	13543件
2004年	176495件	14708件
2005年	194728件	16227件

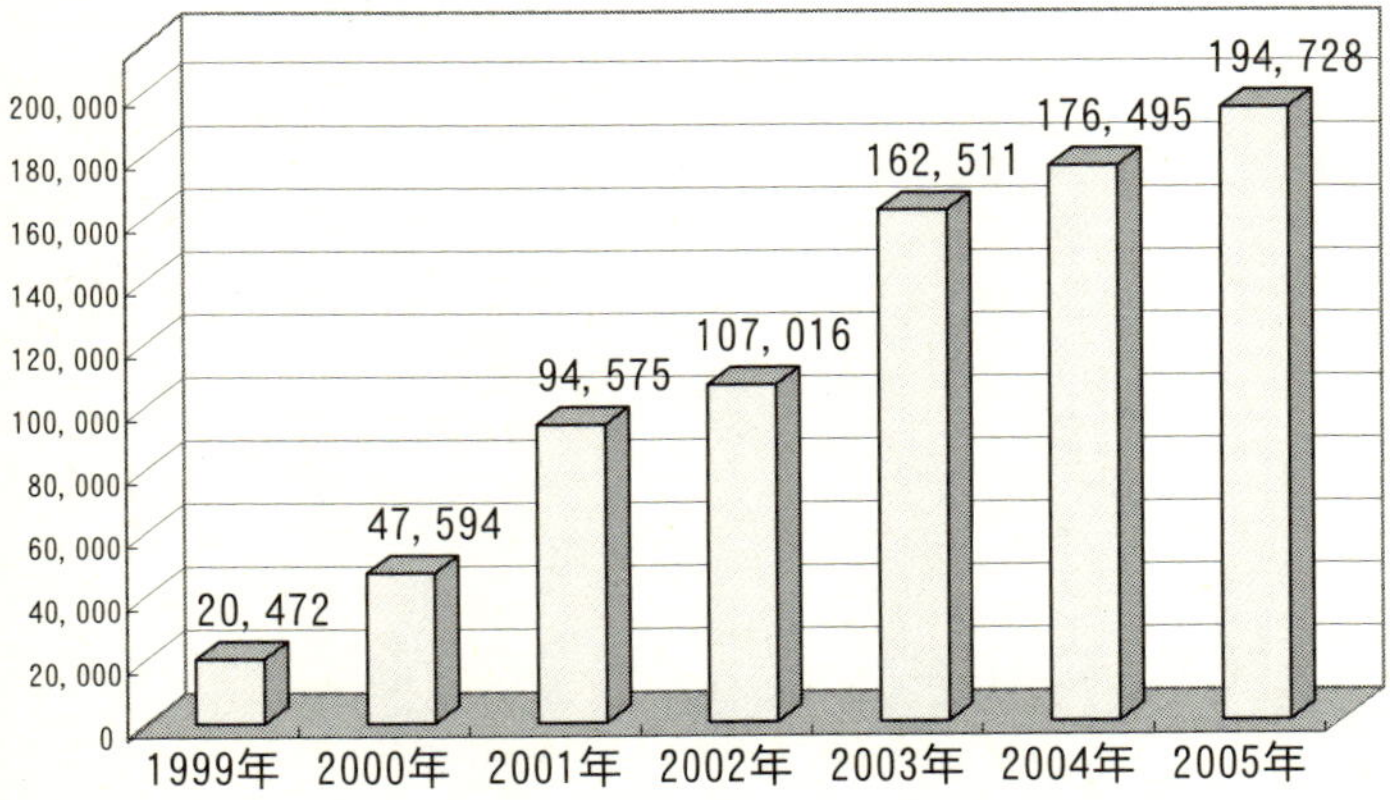

図２　ホームページのアクセス件数の推移

てきたかの分類です。

今では、ほとんどすべて（九九％）が「インターネット」（労働相談センター・ホームページ）となりました。ここ数年来の傾向です。

その他の相談ルートでは、電話帳、友人・知人・家族、雑誌・本、看板などですが、件数は多くありません。「他の労組・相談先」は一一件ありました。また一〇年前には主流であった「電話帳」を通じての相談ですが、二〇〇五年は年間を通じて五件となっています。

四、相談の形態

「相談の形態」とは、相談者が実際に相談をしてくる時の連絡の方法を指します。

二〇〇五年は前年に引き続き、メールでの相談が電話相談を上回りました。また、特筆すべき特徴としては、労働相談センターの事務所に「来所」しての相談が二〇二件となり、前年の一四二件を大きく上回りました。

表３　相談ルート

年　度	インターネット	電話帳	ビ　ラ	友人・知人	行　政
1996 年	13％	52％	17 件	20 件	10 件
1997 年	54％	29％	16 件	29 件	7 件
1998 年	74％	14％	15 件	45 件	10 件
1999 年	75％	17％	10 件	45 件	6 件
2000 年	87％	6％	14 件	3 件	3 件
2001 年	92％	3％	5 件	83 件	8 件
2002 年	95％	6％	82 件	15 件	69 件
2003 年	94％	1％	0 件	32 件	2 件
2004 年	99％	0％	0 件	20 件	2 件
2005 年	96％	5 件	0 件	22 件	2 件

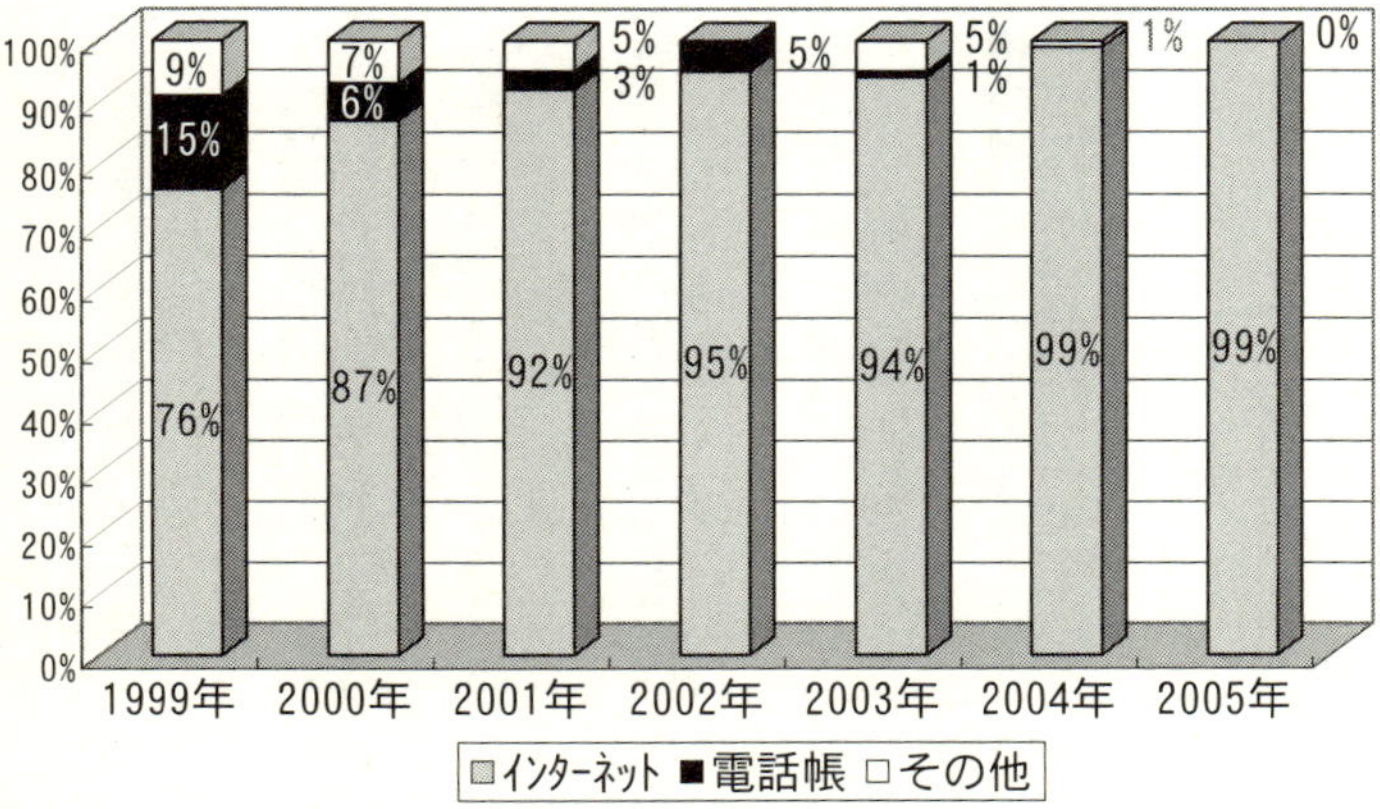

図３　相談ルート

表４　相談の形態

年　度	メール	電　話	来　所	月平均
1996 年	10%	80%	15 件	1.3 件
1997 年	31%	66%	22 件	1.8 件
1998 年	42%	53%	39 件	3.3 件
1999 年	41%	55%	55 件	4.6 件
2000 年	53%	42%	67 件	5.6 件
2001 年	52%	46%	95 件	7.9 件
2002 年	49%	49%	84 件	7.0 件
2003 年	47%	51%	104 件	8.7 件
2004 年	54%	43%	142 件	11.8 件
2005 年	51%	45%	202 件	16.8 件

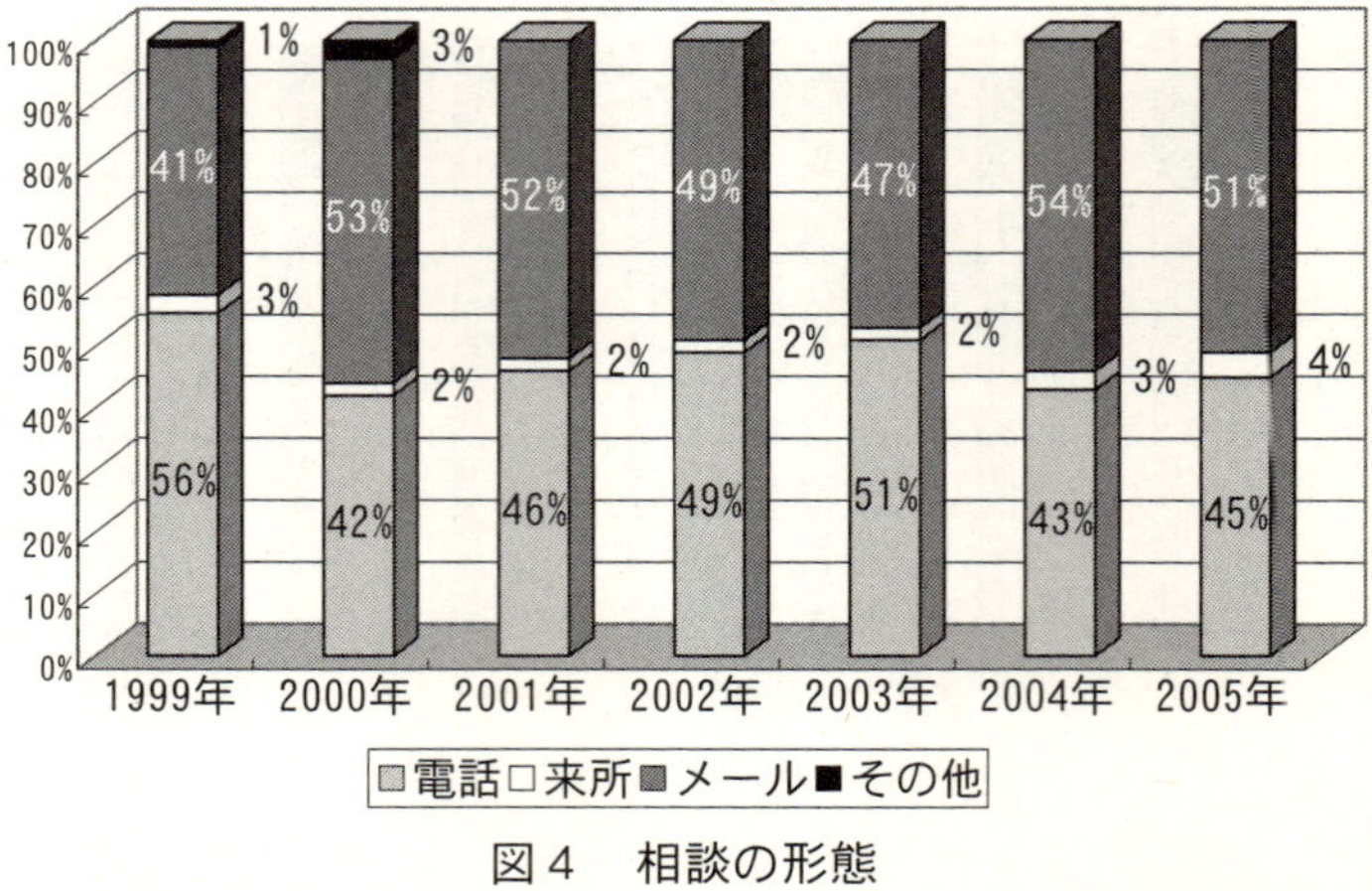

図４　相談の形態

五、相談内容

労働相談センターでは相談内容を次の一六項目に分類しています。賃金、会社都合の解雇・退職、有給休暇・休日、労災、退職金、社会保険、組合結成、いじめ・いやがらせ、倒産、相談者都合の退職、予告手当、出向・配転・異動、セクハラ、労働時間、サービス残業、その他です。

その中でも例年、賃金と解雇問題が他を引き離して一番多いのですが、二〇〇五年も同様でやはりこの二項目に関する相談が多くありました。また、「サービス残業」についての相談も前年の八%から一一%へと増加しており、労働者が長時間の賃金不払い残業に苦しんでいる状況がうかがえます。また、「退職したいのに辞めさせてもらえない」など、「相談者都合の退職」に関する相談も依然として増加しています。さらに「いじめ・いやがらせ」「セクハラ」がじわじわ増え、ここ数年で倍加しています。

表5　相談内容

年　度	メール	電　話	来　所	月平均
1996年	10%	80%	15件	1.3件
1997年	31%	66%	22件	1.8件
1998年	42%	53%	39件	3.3件
1999年	41%	55%	55件	4.6件
2000年	53%	42%	67件	5.6件
2001年	52%	46%	95件	7.9件
2002年	49%	49%	84件	7.0件
2003年	47%	51%	104件	8.7件
2004年	54%	43%	142件	11.8件
2005年	51%	45%	202件	16.8件

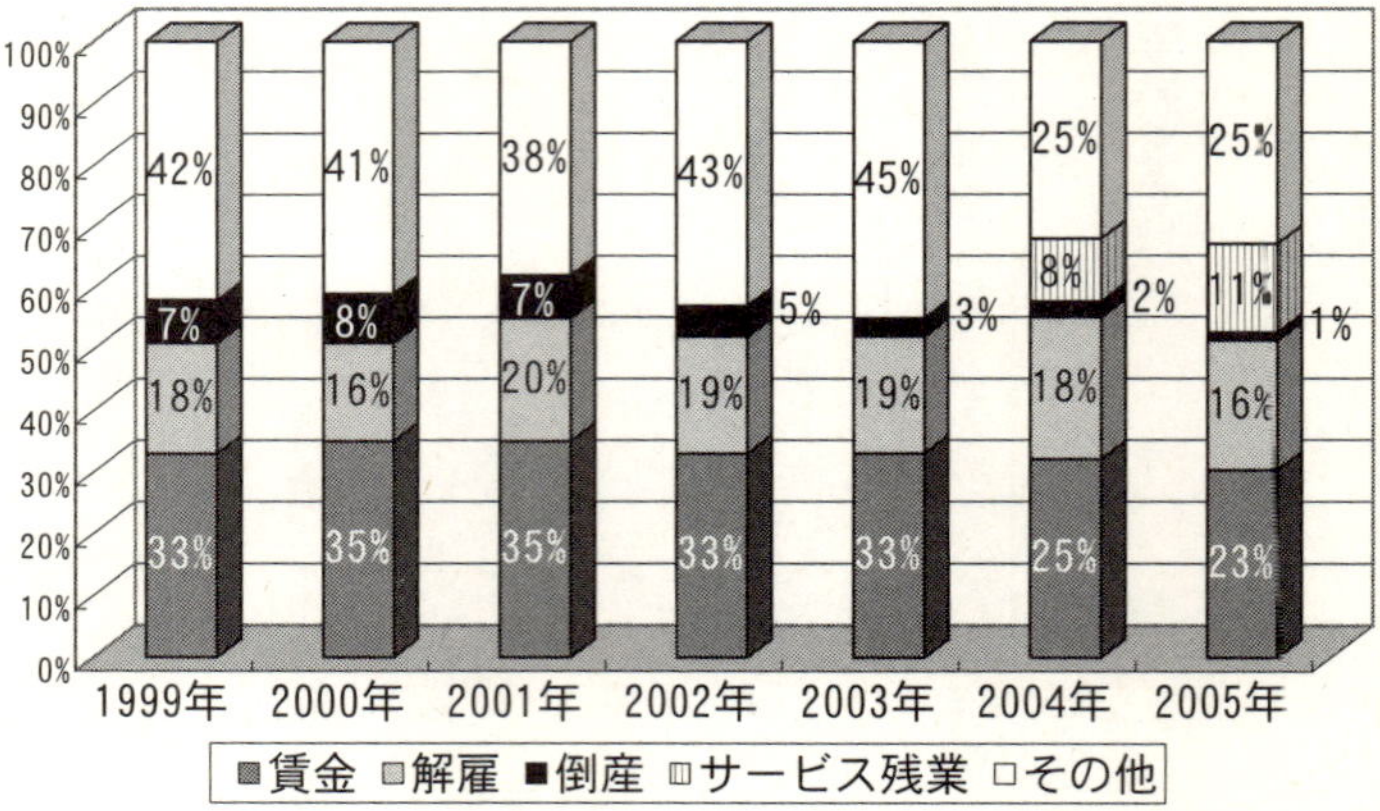

図5　相談内容

六、相談者の雇用形態

労働相談センターに相談してきた人たちがどのような雇用形態なのかを表しています。

正規雇用労働者＝正社員の方からの相談（34％）に次いで、不安定な雇用形態の労働者＝パート・アルバイト・派遣・契約からの相談（19％）も確実に増加しているのが現状です。とくに派遣労働者の相談件数は03年に比べ倍になっています。雇用の不安定化が進行している現状がうかがえます。メール相談では雇用形態がほとんど分からないので、「不明」が多くなっています。

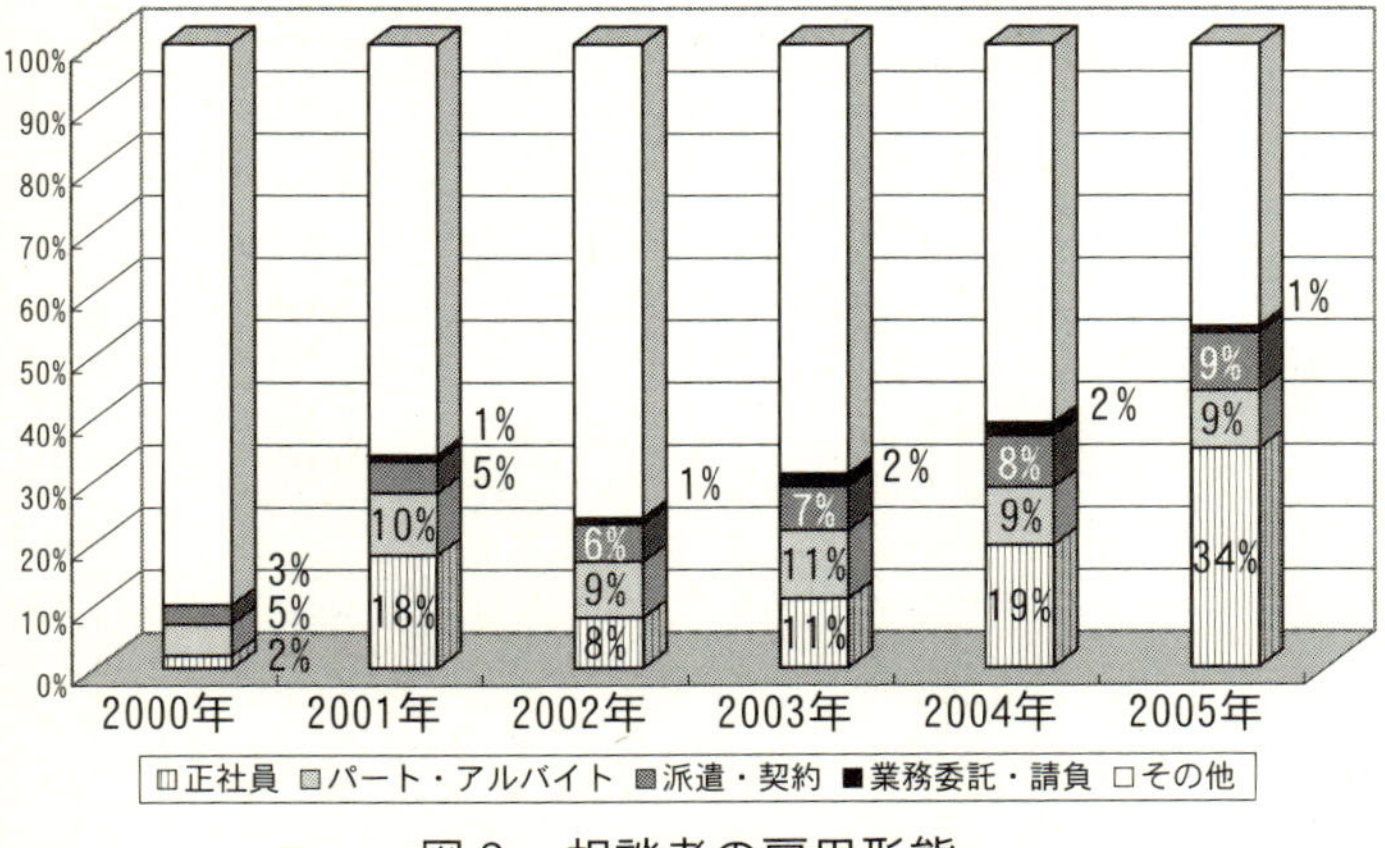

図６　相談者の雇用形態

七、着手件数

「着手」とは、東部労組が何らかの形で相談者の問題にかかわることを指します。

二〇〇五年は「着手」を意識的に増やす努力をした結果、過去二番目の実績を上げることができました。

八、新規組合加入者数

二〇〇五年の新規組合加入者数は二〇〇二、〇三年に比べると増えていますが、前年比では減っており、相談件数に比べると著しく少ない数字にとどまっており、全国的な労働相談活動の共通した特徴となっています。

表7　着手件数

年　度	メール	電　話	来　所	月平均
1996年	10%	80%	15件	1.3件
1997年	31%	66%	22件	1.8件
1998年	42%	53%	39件	3.3件
1999年	41%	55%	55件	4.6件
2000年	53%	42%	67件	5.6件
2001年	52%	46%	95件	7.9件
2002年	49%	49%	84件	7.0件
2003年	47%	51%	104件	8.7件
2004年	54%	43%	142件	11.8件
2005年	51%	45%	202件	16.8件

表8　新規組合加入者数

年　度	東部労組	ジャパンユニオン	合　計
1998年	169人		
1999年	298人		
2000年	172人		
2001年	111人	76人	187
2002年	58人	63人	121
2003年	61人	46人	107
2004年	82人	56人	138
2005年	75人	56人	131

あとがき

私は、千葉県と埼玉県に隣接する東京都の東部地域を占める葛飾区、江東区、江戸川区、墨田区、台東区、足立区、荒川区の七行政区をおもな守備範囲ないしは縄張りと勝手に決めた、東京東部労働組合という地域合同労組、ローカル・ユニオンで育った。

一九八〇年に東部労組の専従書記長（一九九三年からは副委員長）になって、あっという間に専従生活が二六年になった。東部労組自体は昨年、全国一般労働組合全国協議会に加盟し、全国一般東京東部労組と名称変更した。

専従になる前の二〇歳代後半、「学生から現場労働者へ」の、いわばヴナロード（民衆の中へ）の精神で、東京東部地域の中小零細企業に飛び込み、機械工、その中でもずっと金型制作のフライス工労働者として、結局一〇年間を過ごした。

製造工場での労働に馴染まない当初は、「スケールを持ってこい」と言われて戸惑う日々が続いた。一九六九年当時の町工場はまだ職人の世界であった。機械工場ではとりわけ昔の徒弟制度が力強く残存し、「いじめ」と技術の継承・鍛錬・習得が混合して大手を振って横行していた。まさに封建時代以来の鍛冶屋の精神・制度が当時の高度成長期の先進技術と奇妙に結合し、独特の風景を作り出していた。さすがベルトがけの旋盤はすでに姿を消していたが、今では考えられない話であるが上司からいくら文句を言われても、「安全靴なんか、おかしくって履けるかよ」と、足袋に雪駄《せった》で、旋盤やフライス盤の上を器用に行き来して操作する職人がそれなりに残っていた。NC旋盤が町工場に本格的に登場するのは一九七〇年代に入ってからと思われるが、その頃からコンピューター技術が徐々に機械工場に浸透しはじめ、その後急速な変容を迫られることとなる。今はもうあまり聞かれない「フカザン（深残）」（深夜残業）という言葉がさかんに使われたのもその頃と思う。火を扱う職場ではほぼ行われていた「ふいご祭」も最近はほとんど見られなくなった。

当時と今の労働者のおかれている状況はずいぶん変わったと思う。

しかし日本の労働者が搾取され、抑圧を受けようとも、それに対し繰り返し必死に闘いに決起していることに何の違いもない。

労働と闘争の「現場」を出発点とすること、現場労働者の視点と感性を持ち続けようとすることが、闘いの原点と言えよう。

本書を貫く問題意識は、「新しい時代の新しい労働運動の構築」ということにある。新しい労働運動によって時代の閉塞情況を突破するために、何らかの役割を果たせればと思う。本書はそれに向けた「何をなすべきか」「何からはじめるか」のひとつの試論である。

いま、全国一般東部労組、ジャパンユニオン、NPO法人労働相談センターの東京都葛飾区青戸にある共同事務所には連日、相談者、労働相談ボランティア、組合員が出入りし、支部会議が行われ、また団体交渉が行われることが多くなって、事務所の中は日中、人であふれている。まさに「新しい労働運動」の息吹を感ぜずにおかない。

本書は、足立実氏など諸先輩、岸本町雄委員長はじめ全国一般東部労組の多くの仲間、とりわけ日常活動を共にしている専従役員の同僚である長崎広氏（東部労組副委員長）、菅野存氏（同書記長）との共同行動、共同作業のたまものである。しかし、文責が筆者にあることはいうまでもない。

本書の出版は同時代社代表川上徹氏のご尽力によるものである。感謝を記しておきたい。学生時代からの四〇年の時空を超えての川上徹氏との再会はいまの時代の再編期が可能にしたとしか思えないもので感無量と言うほかない。

最後になったが、本書でも取り上げたすかいらーく過労死の犠牲者である中島富雄氏、そして東部労組と三〇年にわたっておつきあいいただき、数多くの事件を献身的に引き受けていただいたが、本年一月一九日急逝された戸谷豊弁護士に本書を捧げたい。

二〇〇六年六月

著者

あなたも

労働相談ボランティア

になりませんか

―労働問題の解決で社会貢献を！―

２００６年

ＮＰＯ法人労働相談センター

あなたも労働相談ボランティアになりませんか

――労働問題の解決で社会貢献を！――

〈労働者の生活破壊が深刻化〉

ＮＰＯ法人労働相談センターには、賃金不払い、解雇、倒産、いじめ・いやがらせ、セクハラ、サービス残業、労働組合作りなど多岐にわたる相談が寄せられています。最近はそれらに加えて、夫が過労死した、会社の仕打ちでうつ病になった、退職させてくれない、暴力をふるわれたなど深刻な相談も増えています。いま労働者と家族の生活破壊がますます進行していると言わざるをえません。

〈増える労働相談〉

労働相談センターには2005年で5,646件の相談がありました。月平均で471件になります。センター発足以来の高水準です。相談はメール、電話、事務所訪問での面談で受けています。

いまインターネットの検索サイトである「グーグル」、「ヤフー」、「グー」などで、「労働相談」を検索すれば、厚生労働省、連合、全労連、日本労働弁護団、都道府県、労働基準監督署、連合全国一般などの関連サイトを押さえて、ＮＰＯ法人労働相談センターが第１位をここ数年確保しています。

ちなみに2006年５月のインフォシーク（検索サイト）での「労働相談」ベスト５は、第１位がＮＰＯ法人労働相談センター、第２位と第３位、第４位が神奈川県、第５位が厚生労働省でした。

〈ＮＰＯ法人労働相談センターの生い立ち〉

労働相談センターは、東京東部労働組合など地域の労働組合が協力して東京都葛飾区青戸に1988年に発足して17年になります。

1996年９月には、インターネットにホームページを開設し、相談が飛躍的に増えました。その要望に応えて1999年、全国個人加入労働組合のジャパンユニオンが誕生しました。

ＮＰＯ法人労働相談センターは2004年７月、東京都のＮＰＯ法人の認証を受けて発足し、独立運営をはじめました。
しかし東京東部労働組合やジャパンユニオンとの協力関係は変わりません。

〈労働組合の団結権で問題の解決を！〉

相談内容は、相談者が直面した労働問題にかかわる労働法や労使慣行についての知識を求めるものと解決方法を求めるものの２種類に分けられます。しかし実際にはその両方が含まれるものが多いと言えます。

また、これらの労働相談はほとんど個人の労働紛争ですが、その解決には団結権、団体交渉権、団体行動権を持つ労働組合の役割がますます大きくなっています。個別労使紛争も企業が相手である以上、集団的労使関係で解決する方がほとんどの場合有利に展開します。そのため当事者には労働組合への加入を勧めます。

〈労働相談ボランティアはまだ不足〉

そして加入した場合、本人の努力が第一ですが、相談者は

初めての経験の方が多いので援助が必要です。相談への対応は現在、募集に応じてくれた労働相談ボランティアとスタッフで行っていますが、多忙を極めています。まだまだ労働相談ボランティアのメンバーは足りません。

〈社会貢献、ボランティアに関心のある方に〉

労働相談と解決に向けた活動を進めるため、労働相談ボランティアを募集します。現役の労働者、定年退職者、学生などの皆さんで、社会貢献、ボランティア、労働問題に関心のある方に呼びかけます。

〈定年退職者は労働相談に経験を生かそう〉

退職者で社会貢献に意欲のある方に、自分の経験を生かしていただくよう呼びかけます。

〈学生はボランティアで社会経験を積もう〉

学生は労働問題でのボランティア活動による社会経験を積むことで将来の生き方の糧となるでしょう。

〈労働相談ボランティアに参加を！〉

いま働いている労働者、リタイアされた労働者、学生、フリーター、アルバイト、失業中の労働者などで、労働問題に関心のある方に、労働相談ボランティアへの参加を呼びかけます。

「募集要項」をよく読んで、ぜひご応募ください。

〈労働相談ボランティア募集要項〉

（1）対象

①事務所（東京都葛飾区青戸）に通える労働者（自治体労働者を含む）、定年退職者、学生

②メール相談専門の場合は通勤不可でも資格あり

（2）活動内容

①労働相談のメール、電話、事務所訪問への対応

②相談者が労働組合加入の場合、事業主との交渉、解決への援助

③労働相談に関わる事務作業

（3）研修

本人の希望で労働相談ボランティアのための研修とオリエンテーションを行います。

（4）経費の支給

通勤費用および団体交渉出席など組合活動に伴う交通費を支給します。

（5）登録

①労働相談ボランティア申込書に必要事項を書いて、当センターあて郵送またはファックスで申し込みください。申込用紙は次のページにあります。またＮＰＯ法人労働相談センターのホームページから取り出すこともできます。その場合はメールで送って下さい。

②労働相談ボランティアは、申込書の提出により登録されます。申し込みは随時受けつけています。

労働相談ボランティア申込書

申込日　　　　年　　月　　日

　労働相談ボランティア募集要項を認め、労働相談ボランティアに申し込みます。

氏　名《ふりがな》

生年月日　　　年　　月　　日（　　　　歳）

住所

電話

ファックス

携帯電話

Ｅメール・アドレス

希望する活動内容（○をつけてください）

①電話相談対応

②メール相談対応

③解決に向けた活動

④事務作業

朝日新聞
2005年(平成17年)3月3日　木曜日

opinion ◎ news project

私の視点

NPO法人労働相談センター理事長　石川《いしかわ》　源嗣《げんじ》

◆サービス残業　規制強化なしには根は断てぬ

東京東部で賃金未払い、解雇、倒産、労災など、労働問題について相談活動を始めて17年になる。

深刻な相談も少なくない。昨年夏、大手ファミリーレストランの40代の店長から電話があった。上司から「こじきになれ」といった暴言を浴びせられ、1人で店舗じゅうの掃除をさせられるなどのパワーハラスメントを受けたという。

「月平均130時間のサービス残業で体が持たず、このままでは会社に殺される。年内で退職しようと思っているが、いま自分の持っている資料で残業代を取り戻せるか」ということだった。対応したスタッフに説明と励ましを受けた店長は、「会社と闘う準備をしたい」と告げて電話を切った。

ところが、ほどなく店長の奥さんから涙ながらの電話があった。「夫が相談の電話をした翌日、玄関先で倒れ、10日後に脳梗塞《こうそく》で亡くなった。パワハラの上司は許さない、他の店長の分までがんばると言っていたのに……」。その後、遺族への応援態勢をつくって会社と交渉し、労災認定を進めているが、亡くなった当人は戻ってこない。

最近の労働相談の特徴として、サービス残業の多発と巧妙化が挙げられる。労働基準監督署の行政指導は強まったといわれるが、相談の件数は一向に減らない。問題が明るみに出て解決しても、「払えば文句ないだろう」と経営者が開き直る後味の悪いケースが多すぎる。また、事前にサービス残業の法的規制を逃れるため、わずかばかりの手当を設定するなど、手口が巧妙化している。中小企業にとどまらず、広く名を知られた上場企業の従業員からも多く寄せられる。

気になるのは、以前はほとんどなかった、「会社を辞めさせてくれない」という相談が、最近急速に増えていることだ。リストラの結果ギリギリの人員で操業し、欠員が出ると経営に支障をきたす、という事情があると思われる。それを理由に、「退職することで会社に被害を与えた」と労働者に損害賠償を請求しようとする脅しや、暴力をともなう事例も少なくない。

それらに対しどうすべきか。第一に、労働者が自ら不服申し立てを行うことが一番大事だ。「不況だから仕方ない」とあきらめずに、おかしいことはおかしいと誰に対しても言い切ることが、いまの時代こそ必要ではないだろうか。

ただ、勇気をもって社長や上司に違法性を指摘し、是正を要求したのはいいが、それが原因で解雇されたという話も聞く。第二に、労働者が労働組合などで自分たちの権利を守ることが必要だ。一過性の問題なら労働基準監督署などの行政機関で対応できる場合も多いが、会社の報復をはねかえし、職場での労働条件の維持や向上、権利を確保するには労働組合が不可欠だ。1人でも入れる労働組合も各地にある。

第三に、政府が企業に対する法的な規制と行政指導をきちんと行うことが必要だ。現状のままではサービス残業は決してなくならない。違法企業はすべて公表し、罰則を強めるとともに、悪質企業とは行政機関との取引を制限するなど規制を強化すべきである。さらに、労働基準法で25%とされている残業割増賃金率の最低基準を格段に引き上げ、経営者が「労働者を新しく雇うより残業をやらせた方が安くつく」と考えるような状況を根本から変えることが必要だ。

石川　源嗣（いしかわ　げんじ）
1942 年生まれ
現　在　全国一般東京東部労組副委員長
　　　　ＮＰＯ法人労働相談センター理事長
連絡先　〒 125-0062
　　　　東京都葛飾区青戸 3-33-3 野々村ビル 1 階
　　　　電話 03-3604-5983　ＦＡＸ 03-3690-1154
　　　　ishikawa@jca.apc.org
　　　　http://www02.so-net.ne.jp/~toburoso/index.htm

ひとのために生きよう！　団結への道
——労働相談と組合づくりマニュアル

2006 年 6 月 20 日　初版第 1 刷発行

著　者　石川源嗣
装　幀　閏 月 社
制　作　い り す
発行者　川上　徹
発行所　同時代社
〒101-0065 東京都千代田区西神田 2-7-6
電話 03-3261-3149　FAX 03-3261-3237
印　刷　中央精版印刷㈱

ISBN4-88683-574-0